미래의 부자인 _____ 님을 위해

이 책을 드립니다.

박스권에서 더 강한 주식매매 전략

캔들차트 매매법

박스권에서 더 강한 주식매매 전략

초판 1쇄 발행 | 2021년 12월 10일
초판 2쇄 발행 | 2024년 11월 18일

지은이 | 터틀캠프
펴낸이 | 박영욱
펴낸곳 | 북오션

주　소 | 서울시 마포구 월드컵로 14길 62 북오션빌딩
이메일 | bookocean@naver.com
네이버포스트 | post.naver.com/bookocean
페이스북 | facebook.com/bookocean.book
인스타그램 | instagram.com/bookocean777
유튜브 | 쏠쏠TV · 쏠쏠라이프TV
전　화 | 편집문의: 02-325-9172　영업문의: 02-322-6709
팩　스 | 02-3143-3964

출판신고번호 | 제 2007-000197호

ISBN 978-89-6799-647-5 (03320)

박스권에서 더 강한 주식매매 전략

캔들차트 매매법

터틀캠프 지음

북오션

머리말

    2020년 코로나19로 주가가 폭락하는 일이 벌어졌습니다. 코스피 지수는 1400선까지 하락했습니다. 그런데 이후 놀라운 일이 벌어집니다. 대세 상승장이 나오면서 코스피 지수가 사상 처음으로 3000포인트를 돌파합니다. 상상도 못할 일이 벌어진 것입니다.

    그러면서 동학개미라 불리는 수많은 개인투자자들이 주식시장에서 돈을 벌기 위해 뛰어듭니다. 부자가 된 개인투자자들도 쏟아졌지만 그렇지 못한 투자자도 많은 것이 현실입니다. 이런 대세 상승에도 돈을 번 투자자는 한정되어 있다는 것이죠.

    동학개미들이 주식시장에 뛰어든 이유는 오직 하나, 돈을 벌기 위해서입니다. 하지만 주식투자로 돈을 버는 투자자보다 잃는 투자자가 더 많은 것이 현실입니다. 그렇다면 상승장이나 하락장이나 개인투자자들이 돈을 벌지 못하는 이유는 무엇일까요?

    개인투자자가 돈을 벌지 못하는 데는 여러 가지 이유가 있습니다. 일단 위험관리를 하지 않습니다. 돈을 벌어야겠다는 생각에 주식이 손실을 볼 수 있는 위험자산이라는 것을 전혀 생각하지 않습니다. 그러

4

다보니 위험을 회피할 수 있는 분산투자는 하지 않고 '몰빵' 투자를 하는 경우가 많습니다.

또 차익실현에 제대로 못합니다. 여러 종목을 매수하면 수익이 나는 종목이 있고 하락하는 종목이 있을 것입니다. 이 경우 하락하는 종목은 매도하고 수익나는 종목은 끝까지 가져가야 하는데, 실전에서는 반대로 행동하는 경우가 많습니다.

매수 후 주가가 하락하면 손절해야 하는데 장기투자라는 이름 아래 주가가 계속 하락하는데도 보유하는 경우가 대부분입니다. 심지어 −50%인데도 들고 있기도 합니다. −50%가 원금이 되려면 50% 상승해야 하는 것이 아니고 100% 상승해야 합니다. 100%를 벌어야 원금이 된다는 것이죠.

"떨어지는 칼날은 잡지 말라"는 말처럼 하락 추세에 접어든 종목은 매수하지 말아야 하는데 싸게 매수할 수 있는 기회라 생각하여 오히려 매수합니다. 하락하고 있는 종목이니 당연히 손실이 나겠죠.

또 남의 말을 듣고 매수를 합니다. 남이 좋다고 하는 종목을 매수합니다. 자기가 좋은 종목을 매수해야 하는데 남이 좋다는 종목을 매수합니다. 그러니 주가가 떨어져도 이유도 모르고 매도할 줄도 몰라 큰 손실로 이어집니다.

이 책은 이와 같이 주식 매매에 어려움을 겪고 시행착오를 겪고 있는 개인투자자들을 위해 썼습니다. 주식은 단순하지만 어떤 매매를 선택하느냐에 따라 배울 것이 많습니다. 차트매매를 할 것인가, 가치투자를 할 것인가에 따라 매매방법도 다르고 종목도 달라지게 되지요. 이 책은 차트매매를 다룹니다. 그중에서도 캔들 중심의 차트분석에 대해 얘기합니다.

많은 투자자들이 차트를 봅니다. 기술적 분석을 통해 주식을 매수하는 것이죠. 차트는 접근하기 쉽고 분석하기 어렵지 않기 때문입니다. 그러나 이를 통한 매매에서 돈을 버는 투자자는 많지 않습니다. 쉬워 보이는데 실전에서는 적용하기 어려운 것이죠. 그 이유로는 차트분석이 중요하지 않은 종목에 적용하거나 잘못 분석해서 적용하기 때문입니다. 또 중요한 이유 중 하나는 차트가 모든 종목에 항상 똑같이 적용된다고 생각하기 때문입니다. 주식은 살아 있는 생물이기 때문에 상황에 맞춰 적용할 수 있는 응용력을 필요로 합니다. 이를 놓치고 기계적으로 대입시키니 안 맞는 것이죠.

이 책은 초보자를 위해 기계적 분석과 함께 응용력까지 배울 수 있도록 자세하게 캔들 중심으로 차트의 원리를 설명하고 있습니다.

피상적인 차트분석이 아니라 기계적으로 차트를 발굴해서 실전에서 활용하는 데 초점을 맞췄습니다. 그래서 피상적으로 이것저것 나열하는 다른 차트책과는 달리 종목 하나하나 자세하게 분석했습니다. 실전에서 필요 없는 것을 나열한 차트책과는 확연히 다를 것입니다.

이론은 예전에 쓴 원고를 활용하였습니다. 이론이 지금도 그대로 적용되고 있다는 것은 차트 형성의 원리는 변하지 않는다는 것을 보여줍니다. 이를 바탕으로 실전에서 응용하는 것을 배우기만 하면 됩니다. 이를 위해 실전에서 응용하는 법도 자세히 적어놓았습니다.

입문하는 개인투자자가 차트를 배우고 실전에서 써먹을 수 있도록 했습니다. 전체적인 차트분석부터 시작하여 캔들 하나하나 분석하고 해석하는 방법까지 정리했습니다. 많은 동학개미들에게 차트해석 능력뿐만 아니라 캔들 하나의 의미와 분석능력까지 한 단계 업그레이드 시켜줄 것입니다.

이 책의 내용을 바탕으로 차트분석을 하다보면 자신도 모르게 차트 보는 눈이 생길 것입니다. 물론 이 책 한 권으로 모든 것을 설명할 수 없고 바로 고수가 될 수는 없습니다. '수학의 정석'이 수학의 기초를 잡아주듯이 이 책도 차트의 기본을 잡아주리라 믿습니다. 이를 기본으로 투자자 여러분이 실전에서 끊임없이 노력한다면 어느 순간 자신만의 매매법이 완성될 것입니다.

열심히 공부하고 노력하여 자신만의 매매법을 확립하시기 바랍니다. 그렇게 된다면 돈을 잃는 투자자에서 수익나는 투자자로 거듭날 것입니다.

터틀캠프

목차

머리말 … 4

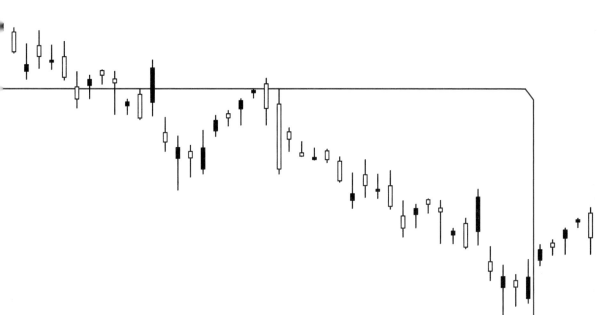

chapter 3

 **세력 캔들 공략법**

chapter 6
실전 캔들 분석법

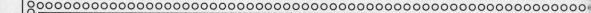

캔들차트에는 여러 가지 종류가 있습니다. 하루의 주가 변동을 표시한 캔들차트는 일봉차트가 되겠죠. 보통은 일봉차트를 많이 봅니다. 1주일의 주가 움직임을 하나의 캔들 안에 담는다면 주봉차트가 될 것입니다. 1개월이면 월봉차트가 되겠죠. 만약 1분의 움직임을 담았다면 1분차트가 되고, 5분의 주가 움직임을 하나의 캔들에 담았다면 5분차트가 됩니다.

chapter 1

캔들매매의 기초

캔들이란 무엇인가

차트의 구성 요소 중 하나가 바로 캔들입니다. 양초와 비슷한 모양이라 '캔들'이라 불립니다. 캔들은 장중의 주가 움직임, 즉 시가·종가·고가·저가를 모두 표시하고 있습니다. 그래서 그날 시가보다 주가가 상승을 하면 빨간색 캔들로 표시가 되고, 그날 시가보다 주가가 하락하면 파란색 캔들로 표시가 됩니다.

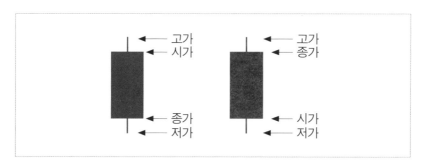

'시가'라는 것은 당일 거래시간인 오전 9시이니까 9시 '땡'할 때의 주가를 말합니다. 장중 매매시간 동안 주가가 가만히 있지는 않겠지요. 매수자와 매도자에 의해 주가가 움직일 것입니다. 장중매매 시간 동안 가장 높게 주가가 올라가면 그것이 '고가'가 되는 것이고, 가장 낮게 내려간 가격이 '저가'입니다. 그리고 장이 마감되는 마지막 가격이 '종가'가 됩니다.

캔들 보는 법1

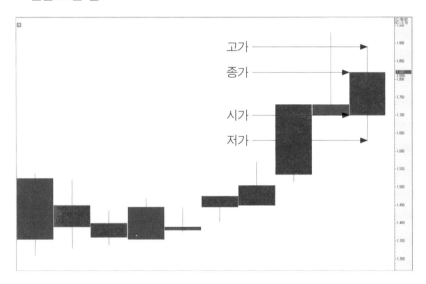

캔들 보는 법2

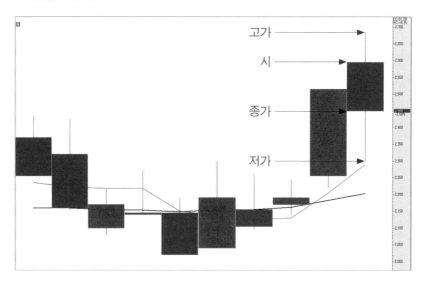

    초보자들이 가장 많이 혼동하는 것이 그날 주가가 상승하면 캔들이 빨간색으로 표시되고 하락하면 파란색으로 표시된다고 생각한다는 것입니다. 그러나 주가가 하락해도 시가보다 상승하면 빨간색으로, 주가가 상승해도 시가보다 하락하면 파란색으로 캔들이 표시됩니다. 캔들의 빨간색이냐, 파란색이냐의 기준은 전일 종가가 아니라 당일 시가라는 걸 기억하시면 됩니다.

16

시가보다 하락한 양봉캔들

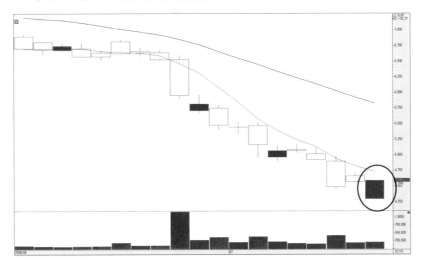

　　이 종목은 오늘 시가보다 하락하여 출발했습니다. 그런데 양봉이 나왔습니다. 캔들의 표시기준이 전일종가가 아니라 시가이기 때문입니다.

시가보다 상승한 음봉캔들

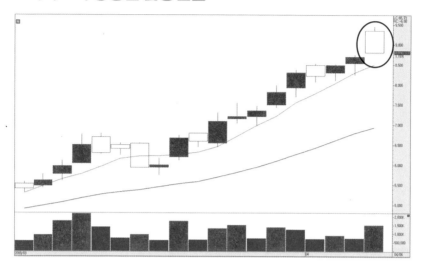

　　전일보다 1.15%가 상승한 종목입니다. 그런데 차트에는 음봉으로 표시되어 있습니다. 이렇게 캔들의 모양은 전일종가가 아니라 시가를 기준으로 합니다.

여러 가지 종류의 캔들차트

    캔들차트에는 여러 가지 종류가 있습니다. 하루의 주가 변동을 표시한 캔들차트는 일봉차트가 되겠죠. 보통은 일봉차트를 많이 봅니다. 1주일의 주가 움직임을 하나의 캔들 안에 담는다면 주봉차트가 될 것입니다. 1개월이면 월봉차트가 되겠죠. 만약 1분의 움직임을 담았다면 1분차트가 되고, 5분의 주가 움직임을 하나의 캔들에 담았다면 5분차트가 됩니다.

월봉차트

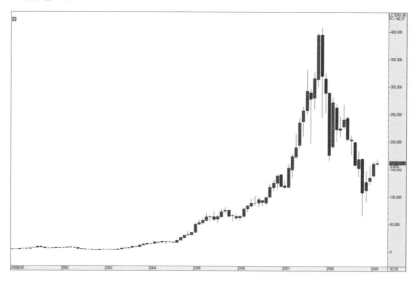

월봉차트입니다. 캔들 하나가 한 달의 주가 움직임을 표시하고 있습니다.

주봉차트

주봉차트입니다. 캔들 하나가 1주일의 주가 움직임을 표시하고 있습니다.

일봉차트

일봉차트입니다. 캔들 하나가 하루의 주가 움직임을 표시하고 있습니다.

분봉차트

분봉차트입니다. 캔들 하나가 분 단위의 주가 움직임을 표시하고 있습니다. 이제는 캔들에 대해 좀 더 자세히 알아보도록 합시다.

캔들 해석법

장대양봉

 장대양봉이란 양봉이 긴 것을 말하며, 시가보다 주가가 크게 상승하여 종가로 끝난 캔들입니다. 실전에서 장대양봉만 잡으면 부자가 되는 것은 말 그대로 시간문제입니다.

장대양봉은 저점에서 나외도 좋고 고점에서 나와도 좋습니다. 어느 위치에서 나와도 좋은 캔들이란 것이죠. 특히 저점에서 장대양봉이 나왔을 때는 항상 주목해야 좋은 차티스트가 될 수 있습니다. 저점에서 나오는 장대양봉을 주목하는 것은 하나의 습관이 돼야 합니다. 주가가 급등한 후에 장대양봉이 나오는 것도 좋습니다. 다만 주가가 급등한 상태이기 때문에 급락 가능성에 주의하면서 바라볼 필요가 있습니다.

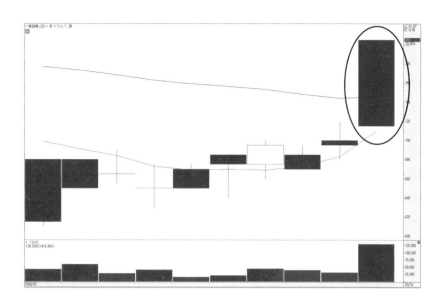

장대음봉

장대음봉은 무조건 안 좋습니다. 고점에서 나와도 저점에서 나와도 좋지 않습니다. 고점에서 나오는 장대음봉은 급락이 시작되는 신호로 받아들여집니다. 그대로 주가가 계속 하락한다면 부자가 아니라 깡통계좌가 되는 것은 시간문제입니다.

저점에서 나오는 장대음봉도 좋지 않습니다. 주가 바닥이 확인된 것이 아니기 때문에 추가로 하락할 가능성이 높습니다. 주가 하락의 끝이 어딘지 모르는 종목이라는 것입니다. 그래서 장대음봉은 항상 주의하고 피해야 합니다. 장대양봉과 달리 장대음봉만 잡는다면 잠자리를 조심하세요. 마누라가 살며시 목을 조를지도 모릅니다. 항상 주의하면서 잠자리를 청하니 돈도 잃고 마음도 불편하시겠네요.

망치형

 망치형은 장중에 주가가 하락하자 강력한 매수세가 들어오면서 밑에 꼬리가 발생하는 캔들을 말합니다. 그 모양이 망치 같아서 망치형이라고 부릅니다. 망치형은 시가는 낮게 형성됐다가 장중에 강한 매수세가 들어오면서 시가보다 높게 끝난 경우이기 때문에 장대양봉보다 못합니다. 하지만 강력한 매수신호로 받아들여지고 있습니다.

특히 하락하는 종목에서 이와 같은 망치형이 발생한다면 장대양봉과 같이 주목할 필요가 있습니다. 추가 하락을 막겠다는 강한 매수세의 발생일 가능성이 높기 때문입니다.

상승추세일 때 망치형이 나온다면 역시 주목할 필요가 있습니다. 아직 상승추세가 끝나지 않았다는 신호로 받아들여질 수 있기 때문입니다. 다만 너무 급등한 종목에서 망치형이 나온다면 세력의 물량이 나오는 것일 수도 있음으로 주의할 필요가 있습니다.

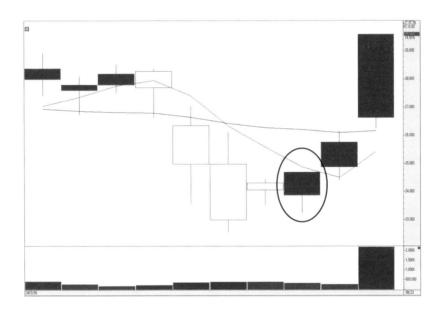

교수형

교수형은 시가보다 주가가 계속 하락하여 낮게 형성되어 있다가 장중에 저가 매수세가 유입되면서 밑에 꼬리가 달리는 형태를 말합니다. 그러나 시가를 회복하거나 돌파하지 못한 캔들이기 때문에 매수세는 망치형보다는 약하다고 볼 수 있습니다. 약한 저가 매수세나 추가 하락을 방어하는 정도의 매수세가 들어온 것을 판단하시면 됩니다.

교수형이 고점에서 나오면 매도관점으로 상당히 주의해서 봐야 할 필요가 있고, 하락 중에 출현한다면 하락 마무리 신호로도 받아들여질 수 있습니다. 그렇기 때문에 교수형이 저점에서 출현한다면 눈여겨볼 필요가 있습니다. 다만 매도세에 의해 추가적인 하락으로 이어질 가능성도 크기 때문에 교수형 하나만 보고 추세를 판단할 필요는 없습니다.

26

유성형

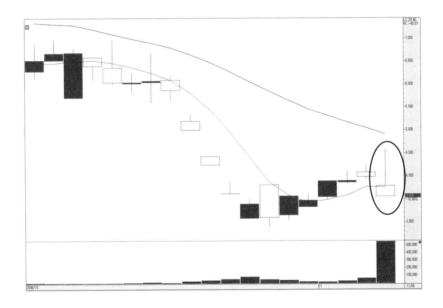

유성형은 주가가 시가보다 상승하지만 장중에 강한 매도세에 의해 시가를 깨고 밀려 내려간 모습을 말합니다. 이런 캔들이 나오면 강한 매도세의 등장을 예측하고 고점이나 저점이나 주의할 필요가 있습니다.

특히 고점에서 윗꼬리가 긴 유성형이 나오면 추세하락의 신호탄으로 볼 수 있기 때문에 고점에서 유성형은 무조건 매도 관점입니다. 주식투자에서 제일 주의할 캔들이 고점에서 나오는 장대음봉과 유성형입니다. 이 둘만 잘 피할 줄 안다면 손실을 상당히 줄일 수 있습니다.

역망치형

시가보다 주가가 상승했다가 매도세에 의해 밀렸지만 시가보다 높게 주가가 형성되어 장이 마감됐을 때 나타나는 캔들을 역망치형이라고 부릅니다.

역망치형이 고점에서 나온다면 위험한 캔들로 해석될 수 있습니다. 하지만 이동평균선이 상승 전환하는 시점이나 저점에서 나온다면 상승신호로 읽힐 수 있는 캔들입니다. 그렇기 때문에 역망치형을 잘 읽을 수 있다면 의외의 큰 수익도 가능한 캔들입니다.

샅바형

 샅바형은 장중에 상승하지만 고점에서 매도세가 나오면서 만들어지는 캔들입니다. 그러나 매도세가 그리 강하지 않아 꼬리가 길지 않습니다.

주가가 고점이라면 팔고 싶은 세력이 나왔다는 것입니다. 하지만 매도물량이 많지 않았기에 크게 밀리지 않는 모습입니다. 저점에서 나왔다면 상승전환 신호로도 해석할 수 있습니다.

하락 샅바형일 경우 장대음봉이 나온 후 매수세가 붙지만 약했기 때문에 나옵니다. 샅바형만 가지고는 추세를 판단하기에는 조금 애매한 측면이 있습니다.

도지형

'팽이형'이라고도 부르나 보통 '도지형'이라고 부릅니다.

캔들의 몸통은 짧고 위아래 꼬리만 긴 것이 특징입니다.

매수세와 매도세가 팽팽하게 대결한 결과로 보시면 되겠습니다. 어느 한쪽도 서로의 추세를 양보할 생각이 없을 때 나온다고 볼 수 있는데 도지형이 하락추세일 경우 나타나면 상승전환 추세로 해석되는 경우가 많습니다.

도지형은 위치에 따라 여러 가지로 해석되는데, 보통은 상승전환 신호로 읽히는 경우가 많습니다.

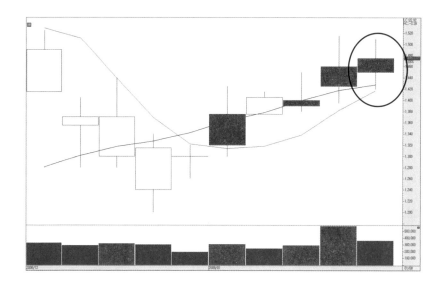

십자형

십자형은 몸통 자체가 거의 없는 형태로 도지형보다 매수세와 매도세의 대결이 더욱 강했다고 볼 수 있습니다. 십자형은 도지형과 마찬가지로 위치에 따라 추세전환 신호로 읽힐 수 있으며 하락 추세 시 발생할 경우 상승전환으로, 상승 시에 나왔을 경우에는 하락전환으로 읽힐 수 있습니다.

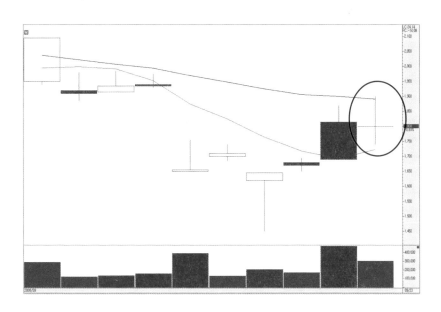

비석형

비석형은 시가부터 주가가 오르기 시작하여 장
대양봉을 만들었다가 장중에 강한 매도세의 의해
다시 시가까지 주가가 밀린 경우입니다. 장 초반에
는 강력한 매수세에 의해 주가가 올랐다가 시간이 흘러가면서 매도세
의 증가로 다시 시가로 되돌아가는 것이죠.

비석형은 장중 고점에 매수한 투자자라면 바로 손실로 이어지기 때
문에 주의할 필요가 있습니다.

비석형은 저점에서는 매수의 신호로 읽히기도 합니다. 그러나 고점
에서 비석형이 나온다면 강력한 매도신호로 읽힐 수 있기 때문에 주의
할 필요가 있습니다.

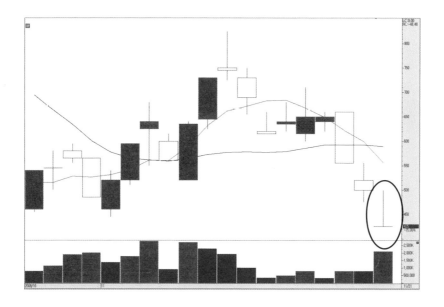

잠자리형

잠자리형은 장중에 강한 매도세에 의해 주가가 밀렸다가 시간이 흘러갈수록 강력한 매수세가 유입되면서 주가가 다시 시가를 회복한 캔들을 말합니다.

이러한 잠자리형 캔들은 고점에서 나왔을 경우 세력이 물량을 털기 위한 테스트일 경우도 있습니다. 급등종목에서 나온다면 조심해야 하며 저점에서 나왔을 경우 하락추세를 마무리하고 상승전환 신호로 읽힐 수 있기 때문에 주목할 캔들입니다.

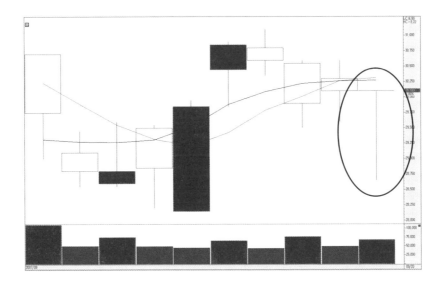

오늘 900만원 벌었다 하더라도 매도를 안 했으면 아직 내 돈이 아닙니다. 매도해서
수익을 확정해야 내 돈이죠. 지금은 아직 환전하지 않은 칩이라 할 수 있습니다.
아직 환전을 안 한 상태에서 내일 하한가가 된다면 번 돈 다 날리겠죠. 그런데 내
일 추가로 상한가에 진입한다면 자리를 뜰 수 없을 정도로 많은 돈이 계좌로 입금
됩니다.

chapter 2

캔들매매를 시작하기 전 알아야 할 것들

캔들은 세력이 만든다

세력이 만드는 양봉

주식투자에서 가장 중요한 것은 무엇일까요?

바로 돈을 버는 것입니다. 그럼 주식투자로 돈을 벌기 위해서는 어떻해야 할까요? 양봉만 잡으면 됩니다. 주식투자로 돈을 날리는 것은 음봉을 잡기 때문입니다. 음봉하고 사랑에 빠지면 계좌에 돈만 잃습니다. 잃는 장사란 말이죠.

"주식투자로 돈을 벌기 위해서는 양봉만 잡으면 된다."

아주 간단하죠. 여러분이 돈을 잃었을 때 무엇을 붙들고 있었나 찾아보십시오. 전부 음봉을 붙들고 돈 나와라 뚝딱! 하고 있었단 말이죠. 앞으로 양봉만 잡으면 여러분은 이제 "주식시장의 돈은 다 내 꺼다"라고 생각하셔도 좋습니다. 이번 강의는 여기서 끝났습니다. 주식투자의 핵심을 다 알려 드렸으니까 여러분은 이제 하산하셔도 좋습니다.

"그런데 양봉은 어떻게 잡아야 하나요?"

몰라요? 그러면 아직 하산하시면 안 됩니다. 그냥 내려갔다가는 다시 음봉만 잡습니다. 양봉만 잡으면 돈을 번다는 것을 알았는데 양봉 잡는 법을 모른다면 배워야겠죠. 그럼 아직 하산하지 마시고 양봉 잡는 방법에 대해서 같이 공부해보도록 하겠습니다.

캔들에는 양봉과 음봉이 있습니다. 양봉은 그날 시가보다 주가가 상승했을 때 나타납니다. 그러니까 시가에 주식을 매수한 투자자는 종가까지 보유만 하고 있었다면 무조건 돈을 벌었단 말이죠. 반대로 음봉은 시가에 매수해서 종가까지 가지고 있었다면 무조건 손실이구요.

물론 음봉이라고 꼭 손실을 보는 것은 아닙니다. 장중에 주가 변동폭을 이용하여 매매하면 음봉이 나왔다 하더라도 수익을 낼 수 있습니다. 그러나 이런 매매는 위험하고 실패할 확률도 높으니 일단 나중에 배우는 걸로 하겠습니다.

상한가는 하루에 30% 올라간 것을 말합니다. 주가는 하루에 30%까지 올라가거나 내려갈 수 있습니다. 1천만원으로 어떤 종목을 매수했는데 상한가에 진입했다면 당일 300만원까지 벌 수 있습니다. 2021년 최저임금으로 한 달 열심히 일해야 버는 돈보다 많습니다. 3천만원이면 하루에 900만원입니다. 생각만 해도 신나죠. 돈 냄새가 나지 않습니까. 하루에 상한가 하나씩만 잡아 하루에 900만원씩 번다고 해 봅시다. 1개월 거래일 수를 20일로 잡으면 한 달이면 1억 8천만원을 벌 수 있습니다. 1년이면 20억도 벌 수 있는 것이죠.

상상한 해도 즐겁죠. 그런데 이건 실전에선 상상에 불과합니다.

이론적으로는 맞습니다. 그러나 이렇게 버는 사람은 아무도 없습니다. 가능하지도 않고요. 여러분이 주식시장에서 매일 '팽'당하는 이유는 말도 안 되는 수익률 환상에 빠져 있기 때문입니다.

개인투자자는 전부 대박 환상에 사로잡혀 있습니다. 주식투자를 하다보면 여기저기 상한가 올라가는 소리가 들리니 그것이 전부 자기 것으로 보입니다. 상한가는 장이 안 좋더라도 매일 나오니까 이런 환상에서 벗어나지 못하고, 돈을 잃으면 잃을수록 본전 생각에 더욱 심한 대박 환상에 사로잡히게 됩니다.

그러나 생각과 실전은 전혀 다른 문제입니다. 주식에서 욕심을 버린다면 얻을 수 있는 수익을 욕심부터 앞세워서 쪽박계좌로 향합니다. 실전 주식투자에 앞시 주식투지로 팔자를 고치겠다는 대박의 욕심부터 버리는 것이 순서입니다. 그러면 자신도 모르게 계좌에 돈이 쌓여 갈 것입니다.

다시 양봉 이야기로 돌아가 보겠습니다. 양봉에는 세 가지 종류가 있습니다. 첫째는 그냥 단봉의 양봉입니다. 시가보다 1%만 올라도 양봉이고 3%가 올라도 양봉입니다. 이런 단봉 형태의 양봉은 큰 의미가 없습니다. 왜냐하면 세력이 개입했다고 볼 수 없기 때문입니다. 차트매매에서 이렇게 단봉의 양봉은 큰 의미를 두지 않습니다.

둘째는 장대양봉입니다. 차트에서 장대양봉으로 표시가 되려면 종목에 따라 다르지만 8% 이상 올라야 장대양봉으로 표시할 수 있을 것입니다. 차트매매에서는 이런 장대양봉을 주목해야 합니다.

그리고 마지막으로 아주 강력한 장대양봉인 상한가가 있습니다. 상한가란 그날 더 이상 올라갈 자리가 없는 최고의 양봉이죠. 주가가 그날 최고가에 도달하여 나오는 물량은 무조건 다 사겠다는 아주 강력한 의미가 있단 말이죠. 이런 상한가는 세력이 없으면 나오지 않습니다. 단봉의 양봉은 장의 흐름에 따라 하루에도 1천 개 이상도 나올 수 있습니다. 그러나 장대양봉은 다릅니다. 그 종목의 호재가 있거나 증시가 급등해야 나옵니다.

캔들매매에 성공하려면 장대양봉 중에서 세력이 개입된 장대양봉을 찾아야 합니다. 일단 장대양봉 중에서 가장 주목해야 하는 것은 상한가입니다. 상한가는 강력한 호재가 있거나 세력이 개입하지 않으면 나오지 않으니까요.

그럼 차트를 통해 실전에서는 어떤 형태로 양봉이 나오는지 살펴보도록 하겠습니다.

차트1

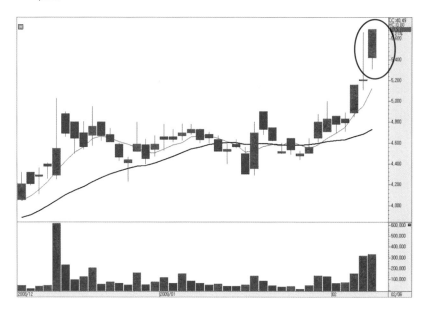

 9%대 상승한 오른 장대양봉입니다. 장대양봉이지만 상한가는 아닙
니다. 상한가와는 호가부터 다르지요. 호가를 한번 살펴보겠습니다.

호가창1

	5,690 ▲	480	+9.21%	332,297	105.54%
직전 ▾		5,690	5,680	1,835백만	2.32%

2,109	5,800	5,420 시
2,800	5,790	5,690 고
100	5,780	5,310 저
1,355	5,750	5,210 기준
1,010	5,740	5,990 상
1,023	5,730	4,430 하
1,610	5,720	19 비용
1,720	5,710	5,690 예상
2,006	5,700	13,621 수량
1,289	5,690	▲ 480 +9.21%

수
도
투
외
차
뉴
권
기

	5,680	610
	5,670	100
	5,650	611
	5,640	1,900
	5,560	3,537
	5,550	1,000
	5,520	200
	5,510	200
	5,500	1,220
	5,490	1
15,022	15:26:24	9,379
20 510	시간외	

오늘 차트를 보면 분명히 어제 위꼬리 부분의 매물을 먹는 강한 강
대양봉이 나왔지만 상한가는 아니라고 했습니다. 호가를 보니 위로 10
호가에 매물이 쌓여 있죠. 호가에 보이는 15,022주의 물량을 먹지 못
했습니다. 오늘 분명히 강한 장대양봉이 나왔지만 주가가 올라갈수록
매수자들이 물량부담을 느꼈다는 것이죠. 그래서 이 종목은 상한가와
는 다른 의미를 가집니다.

차트2

　29.96% 상승했습니다. 전일 매수한 투자자가 어제 3천만원 매수했다면 얼마를 번 것일까요? 약 900만원입니다. 900만원 수익을 챙기게 됐네요. 계좌에 빨간색으로 900만원 찍혀 있겠죠. 이틀 후면 현금으로 900만원 인출할 수 있습니다. 내 돈인 것이죠. 오늘 900만원 벌었다 하더라도 매도를 안 했으면 아직 내 돈이 아닙니다. 매도해서 수익을 확정해야 내 돈이죠. 지금은 아직 환전하지 않은 칩이라 할 수 있습니다.

　아직 환전을 안 한 상태에서 내일 하한가가 된다면 번 돈 다 날리겠죠. 그런데 내일 추가로 상한가에 진입한다면 자리를 뜰 수 없을 정도로 많은 돈이 계좌로 입금됩니다.

호가창2

2,950 ↑	680	29.96%	40,847,779	5,986.0
증감	0	2,950	113,814	51.11%

		KOSPI	
		2,340 시	투
		2,950 고	거
		2,340 저	외
		2,270 기준	일
		2,950 상	차
		1,590 하	
		8 비용	뉴
		2,950 예상	권
		58,809 수량	
		↑680 +29.96	기

2,950	100 ∧	2,950	1,328,417
2,950	842	2,945	3,838
2,950	40	2,940	422
2,950	30	2,935	16,834
2,950	2,000	2,930	3,671
2,950	10	2,925	2,318
2,950	1	2,920	1,830
2,950	28	2,915	2,386
2,950	100	2,910	6,196
2,950	20 ∨	2,905	8,998
		15:59:59	1,374,910
		시간외	285,373	100

이번에는 상한가 호가입니다. 매도호가에는 물량이 없습니다. 화끈
합니다. 당일 최고가인 2,950원에 물량을 쌓아놓고 나오는 물량은 다
먹어버리니까 매도호가 물량이 없는 것이죠. 당일 최고가인 2,950원에
나오는 물량을 다 먹고도 1,328,417주가 쌓여 있습니다.

장대양봉과 상한가의 차이는 이렇게 큽니다. 주가는 올릴 만한 재료가 있는데 나오는 물량을 "더 이상은 못 먹겠다" 하고 매수자가 매수를 멈추는 것이 장대양봉이고, 상한가는 "있는 대로 물량을 던져라. 다 먹어버리겠다" 하는 것이 상한가이죠. 어느 종목이 더 강한가요? 그래서 장대양봉보다 상한가에 진입한 종목이 더 중요한 것이고, 상한가에 들어간 종목을 주목하라는 매매법이 나오게 된 것입니다.

02

투매가 만드는 음봉

양봉에 대해 알아보았으니까 이번에는 음봉에 대해서 알아봅시다. 시가보다 주가가 상승했을 때 양봉이 나온다고 했습니다. 반대로 음봉은 시가보다 주가가 하락하는 것을 말합니다. 음봉은 주가가 하락하면 나오는 것이기 때문에 주식을 살 때마다 음봉을 먹는다면 계좌가 깡통이 되는 것은 시간문제입니다. 그래서 음봉은 무조건 피해야 할 캔들입니다. 요리저리 잘 피해가야지요.

음봉은 무조건 안 좋습니다. 주식을 매수하고 주가가 떨어지면 음봉의 몸통만큼 손실이 됩니다. 음봉의 기준도 시가이기만 차트해석에서도 음봉은 안 좋기 때문에 음봉은 일단 피해야 합니다.

특히 장대음봉은 무조건 안 좋습니다. 고점에서 나와도 안 좋고 저점에서 나와도 피해야 합니다. 고점에서 나오는 장대음봉은 급락이 시작되는 신호로 받아들여집니다.

저점에서 나오는 장대음봉도 좋지 않습니다. 주가 바닥 확인보다 추가 하락 가능성이 높기 때문입니다. 주가 하락의 끝이 어딘지 모르는 종목이라는 것입니다. 그래서 장대음봉은 항상 주의하고 피해야 합니다.

차트1

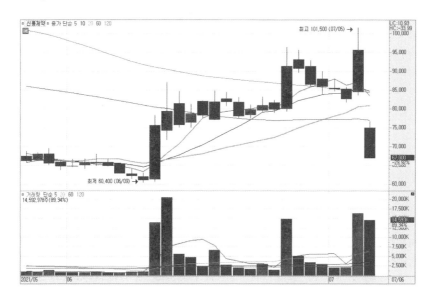

이 종목은 오늘 하한가에 진입을 했습니다. 어제 이 종목을 보유했던 투자자라면 꼼짝없이 30%의 손실을 입었을 것입니다. 물론 장중에 손실을 끊고 매도한 투자자라면 손실을 조금 덜 입었겠지만 하루 종일 시장을 볼 수 없었던 직장인이라든가, 장을 확인했다고 해도 망설이다가 매도기회를 놓친 투자자라면 큰 손실이 났을 것입니다.

1천만원을 투자한 투자자라면 300만원 손실을 입었을 것이고, 3천만원이라면 900만원이 되겠죠. 투자금 중 900만원이 오늘 하루 그냥 허공 속에 사라진 것입니다.

차트2

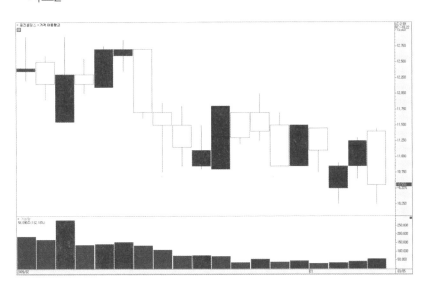

이 종목은 -6.22% 하락해 있습니다. 호가를 볼까요?

호가창1

10,550 ▼	700	-6.22%	56,090	132.18%	
직전 ㅚ	10,550	10,500	601백만	0.11%	
	150	11,100	11,400 시		수
	650	11,000	11,450 고		도
	300	10,950	10,250 저		투
20	2,030	10,900	11,250 기준		외
	40	10,850	12,900 상		차
	770	10,800	9,600 하		뉴
	2,940	10,700	35 비용		권
	1,830	10,650	11,400 예상		기
20	960	10,600	120 수량		
	730	10,550	▲ 150	+1.33%	
		10,500	20		
		10,450	780		
		10,400	2,110		
		10,350	190		
		10,300	1,050		
		10,250	1,060		
		10,200	1,260		
		10,150	320		
		10,100	1,020		
		10,050	230		
	10,400	14:10:32	8,040		
		시간외			

이 종목은 지금 장대음봉이지만 하한가가 아니기 때문에 매수호가에 물량들이 많이 걸려 있습니다. 하한가에 들어가지 않은 장대음봉은 처분할 기회를 준다는 것이죠. 그래도 손해는 손해입니다. 어제 이 종목을 보유하고 있던 투자자라면 누구나 손실 중이겠죠. 계좌에 파란불이 들어와 있을 것입니다. 하한가나 이런 장대음봉을 계속 잡다보면 계좌가 깡통되는 것은 시간문제입니다.

그래서 여러분들이 주식투자에서 돈을 벌려면 음봉을 요리저리 피해갈 줄 알아야 합니다. 여러분들이 그토록 원하는 주식시장에서 돈벌기란 음봉만 피해가면 됩니다.

이렇게 장대음봉도 하한가와 그냥 장대음봉의 차이도 알았고, 양봉만 잡으면 돈을 번다는 것도 알았습니다. 그러면 어떻게 해야 양봉을 잡을까요?

이제부터 양봉을 잡아가는 방법에 대해서 하나씩 알아봅시다. 그런데 배우기 전에 여러분들이 하나 알아둘 것이 있습니다.

여러분이 양봉을 잡는 방법을 배우는 것은 지식을 넓혀가는 것이 아니라 돈을 벌기 위해 배운다는 것을 명심하십시오. 그러니까 양봉을 잡는 방법은 돈이라는 겁니다. 그러니까 그냥 '새로운 매매기법 하나 배운다'거나 '다 아는 내용'이라든가 하는 철딱서니 없는 정신상태는 버리라는 겁니다.

주식보다 훨씬 유익한 지식이 많습니다. 돈 벌 생각도 없다면 주식공부는 안 하는 것이 좋습니다.

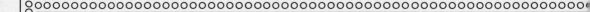

개인투자자들이 아무리 주식투자를 열심히 해도 망하는 이유가 있습니다. 망하는 사람의 대부분이 주식투자 하면 무조건 돈을 벌 거라면서 준비도 없이 뛰어들었거나 대박환상에 사로잡혀 있는 사람들입니다.

대박을 노리는 사람들에게 주식은 그야말로 도박이고, 주식시장은 타짜판입니다.

그렇다면 타짜보다 실력이 좋아야 됩니다.

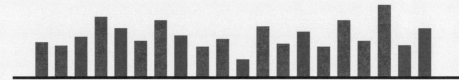

chapter 3

세력 캔들 공략법

01

세력이 물량을 파킹시킨 음봉공략법

앞에서 양봉에 대해서 알아보았습니다. 양봉이 뭐라고요? 양봉은 돈입니다, 돈. 주식투자를 하는 이유는 오로지 양봉을 잡기 위해서입니다. 양봉을 잡는 것은 주식투자에서 필수입니다. 양봉 중에서도 봉이 길면 길수록 좋겠죠. 봉이 긴 만큼 계좌에 쌓이는 돈의 액수가 다르니까요.

양봉을 잡기만 하면 돈을 번다는 것은 알았으니 이제는 양봉을 잡기만 하면 됩니다. 그런데 양봉은 어떻게 잡을까요. 양봉장에 가서 운영을 하시는 분을 형님으로 모시고 꿀벌의 생태를 연구하면 잡을 수 있을까요. 만약 그렇다면 벌을 연구하는 연구자나 양봉업자들이 제일 많이 양봉을 잡는 고수들이겠죠. 그런데 양봉업과 주식은 전혀 상관이 없습니다. 양봉업이 기업화되어 주식시장에 상장되어 있는 것도 아니구요. 그냥 나중에 돈 많이 벌어 좋은 벌꿀 많이 사드시면 됩니다.

그러면 어떻게 양봉을 잡을까요? 상한가 나온 종목이나 장대양봉이 나온 종목은 이미 장대양봉이 나온 것입니다. 그렇기 때문에 아무 소용이 없습니다. 나 말고 이미 누군가가 수익을 낸 상태이기 때문에 매수하지 못한 입맛만 다셔야겠죠. 이미 나온 양봉은 남이 번 돈이고 내가 번 돈이 아니니까요. 양봉의 수익에 동참하기 위해서는 양봉이 나오기 전에 매수를 해야 됩니다. 양봉이 나오기 전에 종목을 잡는 것을 집중적으로 연구해야 합니다. 대단히 단순한 것 같은 이 사실을 몰라서 음봉을 잡는 투자자들이 너무 많습니다. 그러면 이제부터 음봉은 피하고 양봉을 잡는 방법에 대해서 알아보겠습니다.

먼저 장대양봉이 나온 종목을 노려 양봉을 잡는 방법입니다. 양봉도 그냥 장세에 의한 양봉이라면 장이 하락하면 바로 음봉이 탄생하게 될 것입니다. 그러면 양봉을 잡을 수 없습니다. 또 재료에 의해 양봉이 나왔다면 재료가 소멸하면 다시 주가가 제자리로 돌아갈 것입니다. 그러면 또 양봉을 잡을 수가 없습니다. 그러면 장대양봉이 나온 종목에서 양봉을 잡으려면 장대양봉을 세력이 만들어야 합니다. 장세나 재료에 의한 것이 아니라 세력이 주가를 끌어올려 양봉을 만들어야 한다는 것이죠.

세력이 만든 장대양봉에는 특징이 있습니다. 자기들만 돈을 벌려고 한다는 것입니다. 자기들이 돈을 벌려고 주가를 끌어올렸는데 정작 그 종목에 물려 있던 개인들이 이때다 싶어 물량을 대량으로 확 던져버린다던가, 주가가 움직이는 것을 보고 따라 붙은 데이트레이더들이 돈을 번다면 세력 입장에서 남 좋은 일을 시킨 것이 되겠죠. 세력은 개인들하고 나눠먹기 싫어합니다. 세력주에서 개인들이 돈을 번다는 것은 자기들이 벌 돈을 개인들이 뺏어 가는 꼴이니 싫어하는 것은 당연하겠죠. 세력은 오로지 자기들만 벌어야 합니다.

그런데 세력이 아무리 자기들만 돈을 벌려고 해도 주가가 움직이고 장대양봉을 만들면 장중에 하루 종일 앉아 주식매매를 하는 전국의 데이트레이더들이 노련한 강태공처럼 같이 따라 붙습니다. 이 종목이 움직이나 보다 싶어 세력과 같이 매수에 참여합니다. 세력도 매수하지만 개인도 매수하면서 주가가 올라가는 겁니다. 장대양봉은 세력과 개인의 매수세가 붙은 합작품이라는 것이지요.

그런데 주가가 올라간 것까지는 문제가 안 됩니다. 둘 다 저점에서 매수를 했으니까 서로 돈을 벌어놓은 상태입니다. 수익구간이죠. 서로 돈을 벌고 있는 상태이기 때문에 이제는 이익실현을 위해 서로 눈치를 보게 됩니다. 같이 동시에 팔면 매도경쟁이 붙은 줄 알고 장대양봉 나온 것보다 주가가 더 하락합니다. 그렇기 때문에 세력이 장대양봉 하나 만들어서는 남는 게 없습니다. 오히려 잘못하다가는 개인들 물량만 받다가 손실을 입을 가능성이 높습니다. 그러니까 조막손 단기세력이 아닌 이상 세력이 장대양봉 하나 먹으려고 주가를 끌어올리지는 않습니다. 또 우리는 이런 조막손 단기세력의 종목을 먹으려고 하는 것도 아니고요.

보통의 세력은 장대양봉 이후 계속 주가를 올려 큰 수익을 내고 빠져 나오기를 원합니다. 장대양봉 하나는 시작이라는 것이죠. 그런데 장대양봉 하나에 벌써 개인들이 달라붙어 있습니다. 지금은 문제가 안 되는데 주가가 올라가면 올라갈수록 이게 심각한 물량이라는 겁니다. 지금 주가가 1,000원이라고 해봅시다. 지금 개인들 물량 가격도 1,000원이죠. 그런데 주가가 1,500원이 됐다고 해봅시다. 그럼 개인들 물량도 1,500원이 됩니다. 요즘에는 세력이 물량을 털면 개인도 같이 텁니다. 그러면 세력 입장에서는 1,000원에 받을 수 있는 개인들 물량을 1,500원 주고 받아줘야 됩니다. 세력들 입장에서는 500원 더 주고 개인들 물량을 받아야 되는 것이죠. 이게 그냥 한 100주라서 5만원이면 세력 입장에서는 껌값이니까 문제가 안 됩니다.

그런데 개인들 물량이 10만 주라고 해보십시오. 세력 입장에서는 5천만원의 돈이 추가로 들어가는 거거든요. 100만 주라고 해보세요. 5억이 더 들어가는 거예요. 특히 단타 세력 같은 경우는 돈이 얼마 없거든요. 그 친구들 입장에서는 5억이면 큰돈입니다. 안 써도 되는 돈을 쓰게 되는 것이죠.

그래서 세력들이 머리를 씁니다. 장대양봉을 만든 후에 주가를 안 올려요. 자기들이 장대양봉을 만드는 과정에서 개인들이 많이 달라붙었다 싶으면 장대양봉을 만들어놓고 주가를 안 올립니다. 물론 미리 매집이 잘된 종목이라면 지들이 이 종목을 좌지우지할 정도의 물량을 가지고 있기 때문에 그냥 올려 버립니다. 그런데 이제 시작이거나 단기세력이라면 장대양봉을 만들어놓고 주가를 안 올립니다. 그러면 저가에서 달라붙은 개인들은 이거 아닌가 보다 싶어 몇 퍼센트라도 수익을 확정하기 위해 주식을 매도합니다. 그러면 세력은 그 물량을 받고 다시 주가를 올리는 겁니다.

그런데 세력이 장대양봉 이후 주가를 안 올리는데도 안 파는 독한 개인들이 있습니다. "내가 속을 줄 아냐. 이 세력놈들아!" 하면서 안 팝니다. 세력은 개인들 물량을 정리하게 만들어야 하는데 매도를 안 한단 말이죠. 세력들이 머리가 아프니까 약국에 가서 두통약을 사다 먹습니다. 요즘 두통약이 좋은지 세력들 두통이 금세 사라지고 또 머리를 쓰기 시작합니다. 주가를 빼는 겁니다. 장대양봉을 만들어놓고 주가를 뺍니다. 그리면 안 팔고 비티는 개인들도 팔게 되어 있습니다. 한 5% 벌어놓은 거 다 날리고 이제는 손실구간으로 진입하게 생겼단 말이죠. 그런 상황에서 호가를 쳐다보고 있으니 안 팔고는 못 배기는 것이죠.

그러면 장대양봉이 나온 다음 주가를 빼니까 음봉이 나오겠죠. 여기서 개인들이 물량을 털립니다. 바로 세력들에게 물량을 넘겨주는 겁니다. 그러면 세력의 의도대로 된 것이니까 다시 지들 마음대로 주가를 끌어올립니다. 이래서 개인투자자들이 "내가 사면 떨어지고 팔면 오른다"는 하소연을 하게 되는 것입니다.

양봉 다음 음봉, 다시 양봉이 나오는 일명 '양음양'이라고도 불리는데, 여기서 세력이 물량을 파킹하는 음봉이 탄생하게 되는 것이죠. 백전백패를 면하려면 장대양봉 다음 세력이 물량을 파킹시켜 놓은 음봉만 노려서 세력이 만드는 양봉을 먹으면 됩니다.

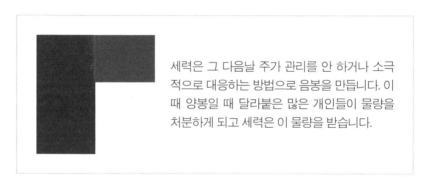

세력은 그 다음날 주가 관리를 안 하거나 소극적으로 대응하는 방법으로 음봉을 만듭니다. 이때 양봉일 때 달라붙은 많은 개인들이 물량을 처분하게 되고 세력은 이 물량을 받습니다.

세력이 물량을 파킹시킨 음봉공략법이란 양봉이 나온 다음 음봉이 나오고 다시 양봉이 나온다는 매매기법으로, 투자자는 처음의 양봉을 노리는 것이 아니라 음봉 다음에 나오는 양봉을 노리는 매매기법입니다.

세력이 주가를 올려 양봉을 만들면 이때 개인투자자들이 달라붙게 됩니다. 이 개인들을 떨쳐내기 위해 세력은 하루 조정을 주는데 이때 음봉이 발생합니다. 세력도 쉬면서 양봉일 때 따라붙은 개인도 떨쳐내는 것입니다. 양봉이 나오고 음봉이 나오면 거의 대부분의 개인투자자들은 이 종목은 끝난 것이 아닌가 하는 생각으로 가지고 있는 물량을 팔게 되어 있습니다. 이때 세력이 매도하는 개인 물량을 걷어가는 겁니다. 그리고 그 다음날 보기 좋게 개인들 뒤통수를 치면서 주가를 올리는 것이죠.

그렇기 때문에 여기서 돈을 벌려면 세력이 쉬어가는 음봉에 팔지 않고 오히려 매수하여 세력과 같이 수익을 올려야 하는 것이죠. 이때 중요한 것은 처음 양봉이 장대양봉이어야 하고 세력이 쉬어가는 음봉은 양봉의 50% 이상 조정을 받아서는 안 되고 음봉에서 거래도 줄어야 합니다.

세력이 주가를 끌어올리기 위해서 양봉을 만듭니다. 이 양봉을 만드는 과정에서 세력뿐만 아니라 눈치 빠른 개인이 달라붙습니다.

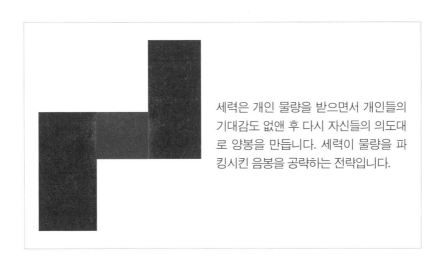

세력은 개인 물량을 받으면서 개인들의 기대감도 없앤 후 다시 자신들의 의도대로 양봉을 만듭니다. 세력이 물량을 파킹시킨 음봉을 공략하는 전략입니다.

구체적인 예를 통해서 자세히 공부해보도록 하겠습니다.

1차 상승 후 2차 상승시점에서 세력음봉 공략법

차트1

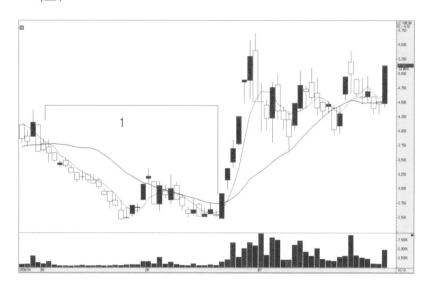

이 종목을 봅시다. 1번 구간에서 급락한 종목이 일정 기간 바닥을 다지고 급등을 합니다. 그리고 시세가 끝났다고 생각할 수 있을 정도로 하락하는데 20일선에서 반등을 하면서 주가가 더 이상 하락하지 않고 박스권을 형성하고 있습니다. 박스권 형성 종목은 박스권 하단에서 매수하는 박스권 매매방법을 사용하는 것이 좋습니다.

이 종목은 일정기간 동안 주가가 박스권 안에서 움직이다가 박스권 중간 가격인 20일선 부근에서 상한가가 나옵니다. 보통 급등한 종목이 하락하지 않고 일정한 가격대에서 움직인다면 추가 상승도 기대해볼 수 있기 때문에 이런 종목은 관심종목으로 찾아 넣어둘 필요가 있습니다. 그런데 20일선 부근에서 상한가가 나옵니다. 상한가가 나왔으니까 20일선 부근에서 매수를 하거나 상한가 진입하는 당일 매수에 가담하지 않았다면 이 종목은 못 잡았겠죠. 그냥 구경만 하게 되는 겁니다.

내일도 장대양봉이 나오면 급등한 가격의 전고점을 돌파하니까 공격적인 투자자가 아니라면 내일 다시 장대양봉이 나올 때 공략하기가 어려울 것입니다. 그냥 이 종목은 관심종목에 넣어두었다고 하더라도 놓치는 종목이 되겠죠. 그러면 내일의 주가가 고점을 돌파했는지, 아니면 다른 모습을 하고 있는지 알아보겠습니다.

차트2

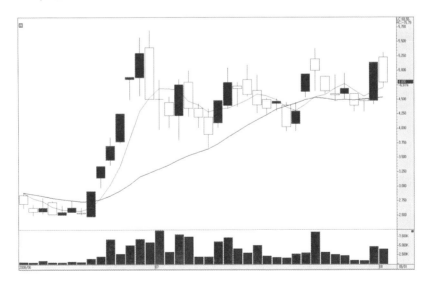

아까 종목을 조금 확대시켜 보았습니다. 바로 전고점을 돌파할 것 같았는데 갭상승 출발한 이후 주가가 올라가지 못하고 하락을 합니다. 오늘 상황을 조금 더 확대시켜 보겠습니다.

차트3

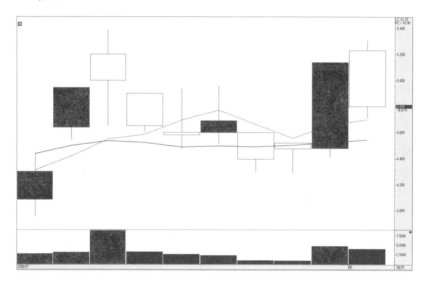

어제 상한가 다음 전고점을 돌파하지 못하고 주가가 갭상승 출발 하여 시작했다가 약간의 윗꼬리를 만든 후 6.61% 하락한 모습입니다. 6%대의 하락을 보였지만 아래 밑꼬리를 달면서 5일선을 깨지 않고 있 습니다. 음봉은 나왔지만 전일 상한가를 만든 세력이 주가를 관리하고 있는 것을 확인할 수 있습니다.

이 종목에 세력이 개입됐다고 볼 수 있는 것은 주가가 급등했단 말이죠. 세력 없이는 이 종목처럼 급등을 할 수 없습니다. 지금의 주가는 세력이 주가를 급등시켜 놓고 자신들의 물량을 처분하고 빠져나갔을 수 있는 모습입니다. 그런데 이 종목은 어때요? 주가가 차트를 무너뜨리지 않고 일정한 가격대에서 움직이고 있다가 어제 상한가가 나왔습니다. 이런 종목은 그냥 구경만 하지 말고 세력이 다시 올릴 가능성이 있는 종목으로 분류하여 관심종목에 넣어두라고 했습니다.

어제 상한가 다음 오늘 전고점 돌파시도가 나올 줄 알았는데 돌파하지 못하고 음봉이 나왔습니다. 그런데 음봉이 5일선을 깨지 않고 지지해주고 있단 말이죠. 어제 상한가를 만든 세력이 주가를 관리하고 있는 것을 확인할 수 있습니다. 세력이 뭘 하고 있는 거죠? 어제 상한가에서 달라붙은 개인들을 떨쳐내면서도 차트를 만들고 있는 것입니다.

급등한 종목이 박스권을 형성하다가 20일선 부근에서 상한가가 나왔다면 동작 빠른 개인투자자들이 전고점 돌파를 기대하고 장대양봉에 달라붙어 있을 것입니다. 주가를 끌어올리기 위해서는 개인이 필요하지만 조정을 마치고 재상승을 하려는 순간에 개인들이 너무 많이 달라붙어 있으면 골이 아픕니다. 이들을 떨쳐내기 위해서 주가를 하락시키는 하는데, 차트는 망가뜨리지 않고 있습니다.

이런 종목을 놓치면 안 되겠죠. 매매 준비를 해야 합니다. 상한가 다음에 5일선을 깨지 않는 음봉이 나왔다면 오늘 종가에 공략을 하거나 내일 아침 시가에 공략하는 방법이 있습니다. 오늘 종가에 매집을 했는데 내일 5일선을 깬다면 바로 던지면 되고, 상승시키면 계속 가져가면 됩니다. 아니면 내일 시가에 주가가 하락 출발하면 접근하지 않고 보합이나 갭상승 시작하는 시점에서 매수물량이 들어오면 접근하면 됩니다. 오늘 어느 정도 개인들에게 겁도 주고 떨쳐냈다고 세력들이 판단했다면 내일 바로 주가를 끌어올릴 것입니다. 그럼 내일은 어떻게 됐는지 한번 볼까요.

차트4

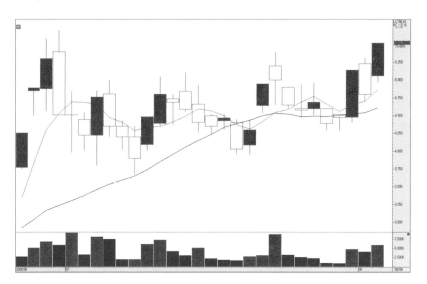

갭상승 출발하여 다시 상한가가 나왔습니다. 세력은 이런 식으로 개인들의 물량을 빼앗기도 하고 겁도 주면서 주가를 상승시키는 것입니다.

어제 상한가가 나와서 따라 붙었는데 오늘 6%대의 하락을 한다면 겁이 나서 팔게 되어 있습니다. 그러면 세력은 그 물량을 걷어서 자신들이 원하는 대로 다시 주가를 끌어올리는 것이죠. 초보 투자자들은 이걸 두고 내가 사면 주가가 떨어지고 내가 팔면 주가가 오른다고 하는 것입니다. 세력들은 개인투자자들의 '떨어지면 어떡하지'라는 불안 심리를 이용하여 물량을 매집하고 주가를 올리는 것입니다.

우리는 상한가를 노리는 것이 아니라 세력이 물량을 파킹시켜 놓은 음봉을 공략하는 것입니다. 그래서 그 다음날 양봉을 먹는 것이죠.

차트를 믿지 않는 투자자들이 이런 말을 합니다.

"내일 만약 차트가 무너지면 어떡하느냐. 그럼 완전히 다른 차트가 된다. 그래서 차트가 위험하다."

맞습니다. 이런 종목이 매일 나오고 나올 때마다 성공할 수 있느냐고 한다면 당연히 그건 아닙니다. 그렇기 때문에 이 종목처럼 끼가 있는 종목, 추가 상승이 가능해 보이는 종목, 차트가 만들어지는 종목을 선정대상으로 삼는 것이죠. 그렇기 때문에 이런 종목을 찾아낼 수 있는 차트 보는 눈을 가져야 하는 겁니다. 그리고 급소가 나왔을 경우 장중 매매하는 법도 익혀야 합니다. 누구나 설렁설렁 차트 보고 돈 벌면

다 부자됐게요. 차트매매로 부자가 되는 사람은 따로 있습니다. 부자가 된 사람들은 차트 보는 실력과 장중 매매방법을 익혔던 것이죠.

누구나 노력하면 할 수 있습니다. 차트가 안 맞는다고 가치투자를 하시는 분도 많이 계시는데, 가치투자도 제대로 하려면 차트 공부하는 것보다 최소 10배는 더 공부를 해야 합니다. 그런데 이런 기본적인 차트 원리도 모르면서 가치투자를 하겠다니 웃긴 소리입니다.

가치투자를 하는 애널리스트를 보십시오. 애널리스트는 그 자리에 오기까지 그 분야만 공부를 했고 엄청난 경쟁률을 뚫고 애널리스트 자리에 앉게 된 것입니다. 그런데도 제대로 못 맞추고 있습니다. 그 엄청난 공부를 하고, 지금도 매일 아침 여러분보다 일찍 일어나 하루 종일 주식만 연구하고 여러분보다 늦게 잘 정도로 열심히 주식 공부하고 일을 하는데 잘 못 맞추고 있습니다. 그건 가치투자를 하시는 분도 인정을 하시겠죠. 그런데 하물며 가치투자보다 못하다는 차트를 가지고 매매를 하는데 매번 다 맞고 매번 돈을 번다는 것은 웃긴 것이죠.

개인투자자들이 아무리 주식투자를 열심히 해도 망하는 이유가 있습니다. 망하는 사람의 대부분이 주식투자 하면 무조건 돈을 벌 거라면서 준비도 없이 뛰어들었거나 대박환상에 사로잡혀 있는 사람들입니다. 대박을 노리려면 강원랜드에 가거나 로또를 사야죠. 주식판에 오면 안 됩니다. 대박을 노리는 사람들에게 주식은 그야말로 도박이고, 주식시장은 타짜판입니다. 그렇다면 타짜보다 실력이 좋아야 됩니다. 그런데 타짜보다 실력도 없으면서 타짜판에 뛰어들어 돈을 벌겠다고 하니 호구가 되는 당연한 것이죠.

세력이 물량을 파킹한 종목을 한 달에 하나만 성공시켜 10%를 번다고 생각해봅시다. 1년이면 120%입니다. 5%라고 한다면 60%입니다. 그런데 차트매매를 하는 사람들은 하루에도 상한가 진입한 종목들이 수두룩하니까 다 내 돈같이 보여서 목표수익률을 한 달에 20%로 잡는 경우도 많습니다. 이것도 보수적으로 잡는 수익률입니다.

수익률을 한 달에 50%, 100%로 잡는 사람들도 있습니다. 말이 안 되는 것이죠. 또 어떤 분들은 책 한 권에 모든 비법이 들어있는 줄 아시는 분이 계십니다. 엄청난 착각이죠. 수학의 정석 한 권을 마스터한다고 수학박사가 됩니까? 제발 상식적으로 생각해주세요. 왜 주식투자만 하면 상식은 어디로 버리는지 모르겠습니다. 그때부터 망하는 겁니다.

이 책을 읽는 여러분들은 대박환상을 버리시기 바랍니다. 이 책은 단기간에 대박을 만들어주는 그런 내용이 없습니다. 이 책은 여러분에게 길을 제시해줄 뿐입니다. 수익률은 여러분의 숙달 노력에 따라 달라질 것입니다. 물론 이 책을 보고 손실이 났다고 하는 분도 있을지 모르겠습니다. 그렇기 때문에 주식투자로 돈 버는 재주가 아직 없는 분들은 실전투자를 바로 하지 말고 모의투자로 수익이 날 때까지 반드시 연습하시기 바랍니다. 대부분의 투자자들이 모의투자과정을 거치지 않고 바로 실전에 뛰어들고 있습니다. 주식투자로 성공한 사람들의 공통점은 대부분은 깡통을 여러 번 차 봤다는 것입니다. 모의투자과정을 거치지 않고 그냥 실전에 덤벼들었던 결과인 것이죠. 여러분도 깡통의 과정을 거치지 않기 위해서는 이 책을 잘 습득한 다음 모의투자과정을 거치시기 바랍니다. 아니면 수업료라고 생각하는 적은 돈만 가지고 수익이 날 때까지 연습하시기 바랍니다.

1년이고 2년이고 계속 모의투자만 하면 어쩌냐고요? 수익이 안 나는데 시간이 뭐가 중요하겠습니까. 주식투자에서 가장 중요한 것이 뭐라고 했죠? 공부하는 걸까요. 실전에서 매매하는 걸까요? 아니죠. 돈을 버는 겁니다. 그런데 돈을 못 벌고 있는데 왜 실전투자를 합니까. 하면 깡통으로 전략합니다. 수익이 안 나면 주식투자를 그만 두는 것이 정상이죠. 이 책을 반복 숙달하여 매매법을 마스터한 후 반드시 수익이 날 때까지 연습하시기 바랍니다.

차트5

　지나고 보니까 우리가 매수한 시점이 2차 상승의 매수급소였죠. 주
가를 1차 급등시킨 후 주가를 박스권에서 횡보를 시키고 다시 2차 상
승을 시키고 있는 모습입니다. 우리는 2차 상승의 급소에 매수를 했습
니다. 투자자에 따라 2차 시세는 다 먹었을 수도 있을 것이고, 세력이
물량을 파킹시킨 음봉에 매수하여 상한가 하나만 먹었을 수도 있겠죠.

　2차 시세의 수익을 다 올리는 것은 나중의 일입니다. 차트매매 중에
서도 캔들매매는 파동의 전체를 먹는 매매법이 아니라 다음에 나올 양
봉 하나 또는 두 개를 먹는 전략입니다. 그러니까 매수 기회가 올 때마
다 5%씩, 10%씩 뜯어먹는 전략인 것이죠. 파동을 먹으려면 추세매매

를 해야죠. 지금 배우는 것은 추세매매가 아니라 차트매매 중에서도 캔들매매입니다. 내일 나올 양봉을 먹는 매매법이란 것이죠. 장기투자나 추세매매가 아니기 때문에 이 점 분명히 하시고 숙달하시기 바랍니다.

바닥권에서 단기세력이 진입한 음봉 공략법

이번에는 주가 바닥에서 단기세력이 개입하여 만든 캔들을 포착하는 방법에 대해서 알아보도록 하겠습니다.

차트1

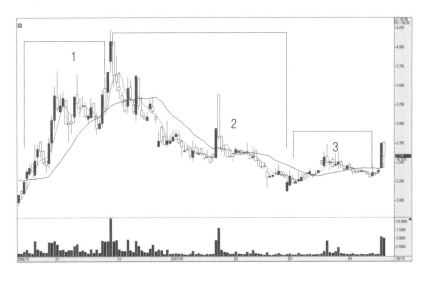

이 종목은 1번 구간에서 크게 시세를 줍니다. 차트상으로 봐도 100% 정도 시세를 낸 모습입니다. 그리고 주가가 하락하기 시작하면서 전형적인 세력주 모습을 보여주고 있습니다. 주가가 천천히 흘러내리다가 일시적으로 짧은 반등을 주지만, 거기까지이고 계속 하락추세를 이어가고 있습니다. 2번 구간에서 3개월 정도 주가가 상승분을 전부 까먹는 하락을 보이다가 3번 구간에서 짧은 반등을 줍니다. 하락추세를 멈추는 반등으로 봐야 되겠죠. 그러다가 어제 상한가가 나오고 밑꼬리가 길게 달린 음봉이 탄생했습니다. 어제와 오늘의 양봉과 음봉 캔들을 차트매매자는 주목을 해야 하는데 세력이 개입된 것으로 판단하고 매매대상 종목이 되는가를 살펴봐야겠죠. 그러면 차트를 확대해서 자세히 살펴보도록 하겠습니다.

차트2

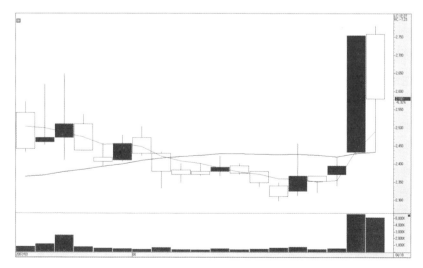

차트를 확대한 모습입니다. 어제 주가가 20일선 위에서 출발해서 강하게 상한가로 마감을 했습니다. 차트상으로 보면 강한 장대양봉이죠. 거래량이 크게 늘어나면서 전형적인 세력이 개입한 상한가로 분석할 수 있습니다. 세력이 개입됐다면 내일도 다시 강한 양봉으로 주가를 끌어올릴 수도 있겠죠. 그러나 전체적인 차트에서 살펴보았듯이 2번 구간과 3번 구간을 합쳐보면 4개월 넘게 주가가 조정을 받은 상태이기 때문에 바로 어제 개입한 세력이 주가를 크게 끌어올려 시세를 주기에는 무리가 있습니다. 추세적인 상승파동은 어렵고 긴 조정에 의한 단기세력의 개입으로 봐야 됩니다. 그렇기 때문에 이런 차트에서 강한 상한가가 나왔다면 양봉 하나 먹는다는 생각으로 이 종목을 공략합니다.

오늘 그냥 주가가 올라갔다면 이 종목은 다음 매수급소가 탄생하기 전까지는 접근하지 않습니다. 그런데 어제 상한가 다음에 오늘 갭상승하여 주가가 출발한 것이 아니라 시가부근에서 주가가 시작을 합니다. 보통 상한가 다음날은 갭상승하는 경우가 많은 데 이 종목은 그렇지 못합니다. 주가기 약간 올라가는 척 하다가 이내 이제 상한가로 말아버린 주가 상승분을 전부 까먹는 하락음봉이 나옵니다. 그런데 주가가 원래 제자리로 돌아가고 끝나버린 것이 아니라 장중에 저가 매수세가 붙으면서 밑꼬리가 음봉의 몸통 절반 정도 크기로 달리게 됩니다. 밑꼬리가 길다는 것은 그만큼 저가 매수세가 들어왔다는 것으로 봐야겠지요.

그런데 이 밑꼬리를 개인들이 만들었을까요? 아니죠. 어제 상한가로 주가를 올린 세력들이 만든 밑꼬리로 해석해야 합니다. 현재의 차트에서 이러한 밑꼬리는 어제 개입한 세력이 아직 이탈하지 않고 주가를 관리하는 것으로 봐야 한다는 것이죠. 어제 상한가 만들고 오늘 세력이 이탈하지 않고 밑꼬리를 만들면서 주가를 관리하는 것은 눈여겨봐야 합니다. 바로 세력이 차트를 만드는 것이니까요.

어제 개입한 세력이 아직 이탈하지 않았습니다. 세력 입장에서는 수익을 아직 확정하지 않은 것이죠. 상한가를 만들어놓고 오늘 상승을 전부 까먹은 음봉이 나오니까 이들은 오히려 손실입니다. 그러니까 주가 관리에 들어가는 겁니다. 그래서 밑꼬리가 나오는 것이죠. 그러면 이대로 끝낼까요? 이들이 조금이라도 돈을 벌고 빠져 나오기 위해서는 주가를 올려줘야죠. 그러면 시세를 줄 가능성이 매우 높다고 봐야겠죠.

이번에 개입한 세력은 4개월에 걸쳐 매물이 쌓은 종목을 단숨에 크게 끌어올리기에는 무척 부담스러울 것입니다. 그런데 아직 돈을 벌지 못했습니다. 하지만 수익을 얻기 위해 어떡해서든지 주가를 한 번 끌어올리고 빠져나오려고 할 것입니다.

그리고 세력도 이렇게 긴 조정을 받은 종목에 큰 시세를 노리고 들어온 것은 아닐 가능성이 높습니다. 그렇기 때문에 지금 개입한 세력의 특성과 상황을 읽고 짧게 대응하는 것이 효과적이라는 것이죠.

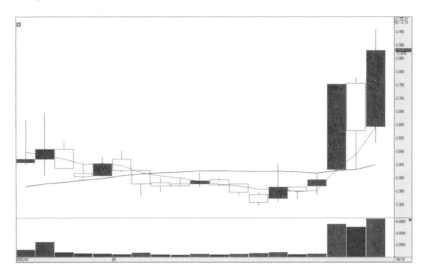

세력이 빠져나오기 위해서는 주가를 올려주어야 합니다. 그런데 상한가로 말아버리지 못하죠. 세력이 상한가로 주가를 올린 다음 내일 갭상승시켜 물량을 정리하거나 추가 시세를 줄 수도 있는데 오늘 상한가로 말지 못했습니다. 이는 그만큼 이 종목의 매물이 많다는 것과 세력이 이 물량을 받아줄 자금이 부족하다는 것을 뜻합니다. 그렇기 때문에 오늘 상한가로 말지 못하면 오랜 기간 조정을 받은 종목에 단기세력이 개입한 것으로 판단하고 매도를 해야 합니다. 그리고 다음 매수급소가 나오는지를 살펴봐야 하는 것이죠. 우리는 급소를 공략하여 10% 이상 수익을 올릴 수 있는 장대양봉 하나 먹을 수 있었죠. 투자금액에 따라 다르겠지만 한 달 밥값에서 월급 정도는 벌지 않았을까요.

세력이 양음패턴을 만드는 이유는 하루 쉬어가면서 양봉에 따라온 개인들의 물량을 소화하고 기대감을 접게 만드는 이유도 있지만 장 상황이 올릴 분위기가 아니거나 세력이 예상치 못한 매물에 의해서 음봉이 나오는 경우도 있습니다. 어떠한 경우이든지 양봉에 개입한 세력이 빠져나가지 못했다는 점에서 이들이 빠져나가지 위해서 주가를 끌어올릴 가능성이 매우 높다고 할 수 있습니다. 그렇기 때문에 우리가 다음날 양봉을 공략할 수 있는 것이죠.

그러면 세력이 개입한 양봉이 탄생하고 다음날 음봉이 나오면 모두 공략대상이 되고 매매에 성공할 수 있을까요?

그건 아닙니다. 이 종목을 살펴보면 2번 구간에서 이번 상승과 비슷한 모습을 발견할 수 있습니다. 그런데 그때는 실패를 했습니다. 한번 살펴볼까요.

차트4

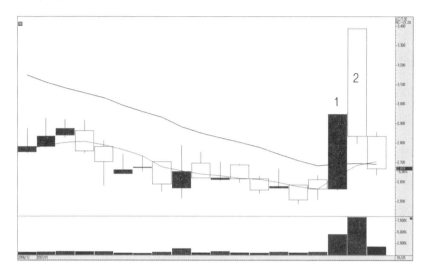

2번 구간에서 일시적으로 상승했다가 주가가 다시 제자리도 돌아간 다음 하락추세를 이어가고 있습니다. 전체 차트를 한번 확인하시기 바랍니다.

이때 상황을 살펴보면 역시 1번 캔들에서 거래량이 늘면서 매물대를 뚫는 강한 상한가가 나오게 됩니다. 주목대상이 되는 것이죠. 내일 음봉이 나오면 공략대상 종목이 되는데 음봉의 모양이 중요합니다. 이 음봉이 시가부근이나 살짝 떠서 시작한 것이 아니라 크게 갭상승하여 출발한 다음 밀리기 시작합니다. 전일 상한가에 들어온 세력이 주가를 띄운 다음 고점에서 물량을 전부 털고 나간 것입니다. 그러니 다음날 강한 장대양봉이 탄생하지 못하는 겁니다. 세력이 자신의 물량을 정리하지 못했을 경우 물량을 정리하기 위해서 주가를 올리는 것인데 음봉에 물량을 털었기 때문에 안 올라가는 것입니다. 설사 이것을 확신하지 못하고 다음날 양봉이 탄생할 것을 기대하고 공략 준비를 했다고 하더라도 올라가지 않으면 공략하지 말아야 하는 것이죠.

다음날 보니 전일 종가 부근에서 출발한 후 거래량도 없이 그냥 밀리기 시작하죠. 공략할 기회가 없습니다. 그렇기 때문에 매매준비를 했다고 하더라도 이 종목은 매매를 하지 않는 것입니다. 실패한 양음양이 되는 것이죠.

여기서 이 패턴을 가지고 세력의 물량털기에 대해서 조금 더 자세히 알아보겠습니다.

위의 캔들처럼 당일 상한가나 세력이 개입한 강한 장대양봉이 나왔다고 해봅시다. 세력의 개입을 조금 더 확신하려면 가장 고점의 매물을 소화한 상한가가 좋겠죠.

여기서 세력이 상한가를 만들면서 10만 주를 매집했다고 해봅시다.

세력이 상한가를 만들면서 10만 주를 매집했으니까 이제 이익을 남기고 팔아야겠죠. 이들도 나름대로 철저하게 계산하고 돈 벌려고 들어온 것이니까 어떡해서든지 이익을 남기려고 할 것입니다. 상한가를 만들면서 10만 주 매집하는 동안 나머지 거래량에서 개인도 붙었을 것입니다. 세력은 개인을 떨쳐내기 위해 하루 쉬어가면서 물량을 파킹해두는 음봉을 만들 수 있습니다.

그런데 세력이 하루 물량을 파킹해두었다가 올리는 경우도 있지만 다음날 바로 팔아버리는 경우도 있습니다.

다음날 이익을 남기고 매도하려면 시가부터 시작하면 안 되겠죠. 시가부터 시작해서 장중에 상한가로 주가를 올리고 고점에서 물량을 정리할 수도 있습니다. 그러나 그렇게 되면 장중에 엄청난 물량을 자신들이 소화해야 합니다. 10만 주 물량을 정리하는 데 추가로 돈이 더 들어가는 것이죠. 그리고 2일 연속 상승하는 것이니까 상한가 2번이면 60% 상승입니다.

매도물량의 저항 역시 더욱 강해질 수밖에 없습니다. 첫 상한가에 따라 들어온 개인들이 물량을 정리하게 되면 세력은 자신들의 10만 주를 정리하는 데는 첫 상한가를 만들기 위해 들였던 돈보다 더 많은 자금이 투입될지도 모릅니다. 그렇기 때문에 이들은 상한가 다음날 시가부터 자신들의 주문을 넣고 호가를 크게 올립니다. 상한가에 매수주문을 넣는 것이죠. 이때는 매수주문을 넣는 것이지 아직 매수한 것은 아닙니다. 다음날 상한가에 강한 매수잔량이 쌓이게 되면 개인들은 '이 종목 정말 뭔가 있나보다' 하는 생각으로 상한가에 물량을 잡아 보려고 시가부터 강하게 따라 들어오게 됩니다. 그러면 시가에 상한가로 주가가 출발하게 되는 것이죠. 그리고 세력은 시작 직전에 자신들이 상한가에 쌓아둔 물량을 뺍니다. 그리고 자신들이 보유하고 있던 물량을 시가에 던지는 겁니다.

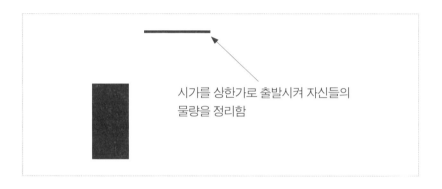

시가를 상한가로 출발시켜 자신들의
물량을 정리함

이렇게 해서 시가에 자신들의 물량을 일부 정리하고 상한가부터 나머지 물량을 정리하는 것입니다. 장중에 계속 주가를 흔들면서 데이트레이더들이 달라붙게 하고 이들에게 자신들이 보유한 나머지 물량을 떠넘기는 것입니다. 그래서 장 마감이 되면 차트는 이런 모습으로 변하게 됩니다.

　첫 번째 상한가를 만들 때는 저항선을 돌파하거나 상한가를 만드는 동안 쏟아지는 물량 때문에 보통 거래량이 늘어나게 됩니다. 그리고 다음날 세력이 물량을 정리하는 음봉에서는 자신들이 매집한 물량을 정리하기 위해 더욱 많은 거래량이 늘어나게 됩니다. 그리고 이날 물량을 전부 정리했다면 다음날은 물량 부담을 안고 주가가 제자리로 돌아갈 것입니다. 그래서 위에서 공부한 종목처럼 하락하는 종목이 다시 하락추세를 이어가게 되는 것입니다.

　정리하자면 위에서 공부한 종목의 첫 번째 주가상승 시도는 단기세력이 상한가를 만들고 다음날 물량을 정리합니다. 이후 주가가 다시 제자리로 돌아가 하락추세를 이어가다가 다음번 단기세력이 개입했을 때는 물량파킹 방법을 이용한 것입니다.

차트5

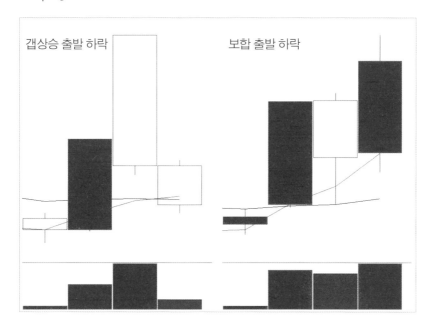

갭상승 출발 하락   보합 출발 하락

　어떠한 방법을 사용하느냐는 전적으로 세력이 그때마다의 상황에 따라서 정하는 것이기 때문에 우리가 이런 종목을 공략할 때는 이들의 의도를 읽고 대응해야 합니다. 철저하게 세력의 움직이는 대로 대응준비를 해야 하는 것이죠. 차트에서 세력의 움직임을 읽지 못한다면 우왕좌왕하면서 100전 100배가 될 것입니다.

전고점 돌파시점에서 세력이 쉬어가는 음봉 공략법

이번에는 전고점 돌파시점에서 세력이 개인들을 따돌리거나 전고점 돌파를 위해 힘을 비축하기 위해 쉬어가는 음봉캔들을 만들 때 공략하는 방법에 대해서 알아보겠습니다.

차트1

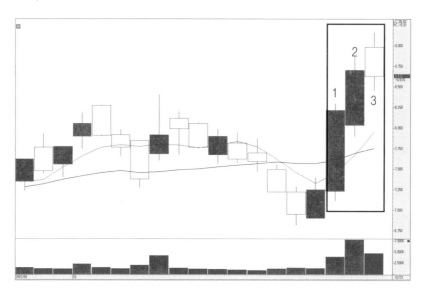

이 종목은 주가가 20일선을 뚫고 일시적으로 급락했다가 다시 상승 전환하고 있는 모습입니다. 1번 캔들이 나오기 전 주가의 하락을 막는 양봉캔들이 나와 주고 1번 캔들에서 상한가는 아니지만 20일선을 뚫는 장대양봉이 탄생합니다. 그리고 그 다음날 2번 캔들은 갭하락 출발

82

했다가 상승으로 마감한 모습입니다. 그리고 3번 캔들에서 갭상승 출발했다가 음봉으로 장을 마감했습니다. 그런데 3번 캔들을 보면 2번 캔들은 거래량이 크게 늘어난 반면에 3번 캔들은 2번 캔들에 비해 거래량이 줄어든 모습입니다. 20일선을 뚫은 세력이 일시적으로 쉬어가는 모습일 가능성이 높은 것이죠.

이러한 경우는 두 가지로 주가 흐름이 진행될 가능성이 높습니다. 오늘 하루 쉬고 내일 다시 주가를 끌어올리거나, 아니면 20일선 부근까지 주가를 조정 주는 것입니다. 만약 주가가 20일선 부근까지 조정을 준다면 그 후의 차트 모습을 보고 공략여부를 판단해야 합니다. 그러나 하루 쉬어가는 모습이라면 내일 바로 공략대상 종목이 되겠죠. 어떠한 경우든지 내일은 공략대상 종목이 됩니다. 세력이 하루를 쉬어 갈 지 그냥 올릴지는 세력 아니고서는 모르기 때문입니다. 그러나 차트급소가 만들어졌고 내일 상승할 가능성이 높기 때문에 공략대상 종목이 되는 것입니다.

차트2

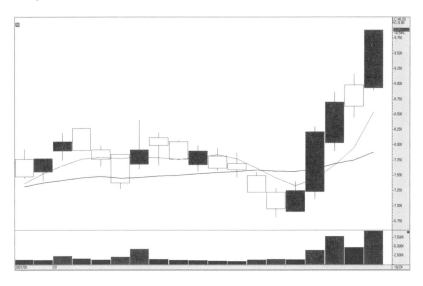

공략했으면 바로 수익으로 연결됐을 종목입니다. 거래량이 실리면서 20일선을 뚫고 올라간 종목이 단봉의 음봉으로 하루 쉬어간다면 그 종목은 바로 공략종목이 되는 것입니다.

이것은 차트의 일부분을 확대해서 본 것이고 장기간 차트로 현재의 이 모습이 어느 위치에서 나온 것인지를 확인할 필요가 있습니다. 그래야 조금이라도 더 정확한 차트 급소를 찾아 공략할 수 있으니까요.

차트3

　지금 본 종목을 축소한 차트입니다. 현재 이 종목의 주가 위치는 어디에 있나요? 이 종목은 차트에서 나온 것만 확인해도 3천원대에서 9천원까지 엄청난 상승을 한 종목입니다. 거의 200% 정도 상승했다가 밀린 다음 다시 전고점을 돌파하려는 시점에서 우리가 확대해서 본 차트가 만들어진 것이죠. 우리가 공략하려던 시점이 주가 바닥에서 엄청난 상승을 한 종목이라는 겁니다. 가격부담이 느껴지는 종목입니다.

　그러나 이 종목의 차트를 해석해보자면 급등하여 가격부담이 느껴지는 종목이지만, 급등한 다음 3개월 정도 가격 조정이 있었고 이 가격조정 기간 동안 주가가 점진적으로 상승했다는 것입니다. 주가가 급등했으면 밀려야 되는데 어느 정도 조정을 받았다가 3월 정도 물량을 해소했다는 점에서 이 차트는 긍정적으로 해석할 수 있습니다.

그런데 다시 주가가 전고점을 돌파하려는 시점에서 거래량이 늘어나고 20일선을 뚫고 주가가 올라간 다음 전고점 돌파 시점에서 우리가 공략하려는 음봉이 탄생한 것입니다. 이 종목은 전고점 돌파 종목으로 돌파 가능성이 매우 높은 차트라고 할 수 있습니다. 물량 소화기간을 거치고 다시 전고점 돌파시점에서 하루 쉬어가는 음봉이 나왔으니 충분히 공략할 수 있는 종목이라는 것이죠.

세력가 윗꼬리 조정캔들 공략법

　세력이 시세를 얻기 위해서 장대양봉을 만든 다음 주가 조정을 음봉으로 주는 경우에 대해서 알아보았습니다. 이번에는 세력이 물량을 파킹시킨 패턴인데 조금 적극적으로 쉬어가는 패턴에 대해서 알아보도록 하겠습니다.

　양음양 모습인데 조금 적극적으로 음봉을 관리하여 짧은 단봉의 음봉으로 쉬어가거나 단봉의 양봉으로 관리하는 경우가 있습니다.

　즉 장대양봉 이후 양음양의 음봉 모양은 장대양봉의 몸통을 많이 침범하는 데 비하여 장대양봉을 거의 침범하지 않는 패턴으로 보시면 됩니다.

기본형 패턴

차트로 보면 장대양봉의 고가 부근에서 캔들이 위치하는 것을 확인하실 수 있습니다. 아마 차트를 자주 보시는 분들은 이런 모습을 종종 봤을 것입니다. 그러면 이러한 캔들에 숨어있는 뜻은 무엇일까요?

세력은 주가를 상승시킬 때 바로 올리는 경우도 있지만 쉬어가는 경우가 많이 있습니다. 시장 상황이나 차트를 만드는 문제, 또는 내부적인 문제 때문에 쉬어가는 차트가 나오는 것입니다. 그런데 앞에서는 쉬어가는 경우 자신들이 만든 양봉을 침범하는 양음양에 대해서 배웠다면 지금은 조금 더 적극적으로 세력이 주가를 관리하는 경우입니다.

양음양으로 주가를 관리하면 조금이라도 싼 가격에 개인들의 물량을 받을 수 있는데, 그러지 않고 적극적으로 주가관리를 한단 말이죠.

자신들이 만든 양봉의 최고가 근처나 그보다 약간 높은 가격에서 개인들의 물량을 소화시키며 쉬어가는 경우는 세력이 그만큼 돈이 많이 있거나 자신이 있다는 것을 의미합니다.

즉 양음양보다는 강한 패턴이라고 할 수 있겠죠. 여러분이 장대양봉을 만들었고 여러 가지 사정으로 하루 쉬어가자고 판단했다면 조금이라도 싸게 사고 싶을 것입니다. 그런데 개인들의 물량을 조금 더 비싼 가격에 매입한다는 것은 그만큼 여유 있고 자신 있다는 의미합니다. 세력이 소심해서는 이런 행동을 할 수 없겠죠.

그래서 이러한 패턴이 나오면 양음양보다는 조금 더 기대감을 가지고 공략준비를 하는 것도 좋을 것입니다. 물론 이러한 패턴이 모두 성공하는 것은 아닙니다. 그러나 일단 세력 개입을 의심하고 관찰하고 있는데 양음양보다 강한 이러한 패턴이 나온다면 조금 더 유심히 지켜보면서 공략준비를 하는 것이 좋습니다.

그러면 이러한 패턴을 실전에서 발견했을 때 어떻게 해석하고 공략해야 하는지 알아봅시다.

전고점 돌파 시점의 세력캔들 공략법

차트1

이 종목을 살펴보면 1번 구간은 주가의 대세하락기간입니다. 상당히 큰 낙폭을 보여주는데 1번 구간의 마지막에서는 보유자들이나 이 종목을 지켜보는 투자자에게도 경악과 공포를 심어줄 만한 엄청난 낙폭을 보여주고 있습니다. 앞뒤 볼 것 없이 매도하는 물량이 나오기도 하고, 반등만 하면 팔겠다는 투자자와 낙폭과대로 단기매매에 참여했던 투자자도 손실을 보고 빠져 나오는 구간일 것입니다. 누구도 수익을 낼 수 없는 공포의 시기인 것이죠.

2번 구간에서는 주가가 반등을 하는데 거래량이 많이 늘어납니다. 공포에 지쳐 반등만 하면 팔겠다는 개인들의 투매물량이 집중적으로 나오는 구간입니다. 2번 구간은 반등과 하락, 다시 반등하면서 하락의 공포를 이겨내는 구간입니다. 이렇게 낙폭이 컸던 종목이 반등을 하면 단기로 접근하는 것이 정석입니다.

2번 구간이 급격한 하락을 진정시키고 투매물량과 매수세의 싸움으로 주가의 안정을 꾀하는 구간이었다면 3번 구간은 이러한 싸움을 멈추고 횡보구간으로 들어섭니다. 3개월 넘게 주가가 횡보합니다. 낙폭 과대의 메리트는 2번 구간에서 해소되었고, 3번 구간은 주가를 추가 상승시킬 재료를 기다리는 구간이라 할 수 있겠죠.

그러다 오랜 주가 횡보기간을 지나 오늘 대량거래가 터지면서 상한가가 나왔습니다. 2번 구간 마지막 상승파동의 고점을 뚫은 상태입니다. 상당히 강한 상한가입니다. 대략거래가 있는 전고점을 거래가 실린 상한가로 뚫은 상태이니까요. 주목해야 되는 상한가입니다.

차트2

  3번 구간을 확대한 차트입니다. 주가가 고점을 찍고 하락한 후 약 3
개월 정도 횡보조정을 받습니다. 그러다가 다시 전고점을 향해 주가가
오르다가 상한가가 나옵니다. 어제 나온 상한가가 전고점을 돌파한 것
이 보이죠. 상당히 강한 상한가입니다. 이곳에 나온 상한가는 남다른
의미를 가지고 있습니다. 전고점을 돌파한 상한가이니까 추가 상승 가
능성이 매우 높은 종목입니다. 거래가 많이 실려 있는 전고점의 매물을
오늘 다 소화하고도 주가를 상한가로 끌어올리는 모습은 쏟아져 나오
는 물량은 다 먹겠다는 강력한 모습을 보여주는 상한가입니다. 그리고
오늘 다시 강력하게 상한가나 장대양봉으로 주가를 올릴 것처럼 보였
는데 오르지 못하고 밑꼬리가 달린 단봉 형태의 음봉이 나왔습니다.

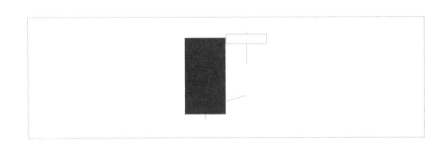

어제 상한가 나오고 오늘 시가에 약간 상승하여 출발했다가 오르지 못했습니다. 그리고 장중에 전일종가를 깨고 내려갔다가 밑꼬리가 달리면서 다시 주가를 올려준 모습입니다. 누군가가 주가를 관리하고 있다는 것을 알 수 있습니다. 주가가 하락하려고 하면 밑에서 관리해주는데 그렇지만 주가를 끌어올리지는 않는 관리 형태를 보여주고 있습니다.

만약 여기서 매물을 맞고 끝나는 모습이라면 밑에서 주가를 관리해줄 필요가 없겠죠. 종가상의 모습을 보면 세력이 물량을 파킹하는 형태인 양음양 패턴보다 강한 모습입니다. 관리를 안 하는 음봉이 아니라 관리가 들어간 단봉의 형태란 것이죠.

이러한 캔들은 장중에 호가창을 보면 주가를 안 빼고 관리하고 있는 모습을 확인할 수 있습니다. 이 종목 같은 경우는 장중에 매물이 쏟아지자 바로 전일 상한가를 만든 세력이 관리에 들어간 모습이죠. 이러한 단봉의 패턴은 물량파킹패턴 중 양음양과 같은 쉬어가는 패턴이지만, 세력이 주가를 양음양보다는 적극적으로 관리하고 있는 것으로 해석할 수 있습니다.

　양음양이나 이와 같은 단봉의 파킹패턴은 결국은 세력이 주가를 끌어올리는 모습을 보여주지만 이 패턴은 세력이 주가를 적극적으로 관리하고 있다는 점에서 차이가 있습니다. 세력이 관리하는 패턴의 원리는 같지만 세력이 개입하는 모습이 다르다는 것입니다. 결국은 양음양이나 단봉의 물량파킹패턴이나 세력이 주가를 관리하는 종목으로 이해하고 우리가 공략종목을 삼아야 하는 것이죠.

차트3

　짧은 단봉의 음봉으로 조정을 마무리하고 세력이 강하게 주가를 끌어올리고 있습니다. 전고점 부근에서 하루 쉬어가는 조정을 주면서 개

인들의 물량을 소화하고 세력도 힘을 비축한 다음, 세력이 원하는 가격대로 주가를 보내고 있는 모습입니다.

전고점 돌파 종목은 힘이 강하다는 것이 일반적인 상식입니다. 주가를 어디까지 끌어올릴지는 모르는 것이죠. 쉬어가는 음봉 다음 강하게 상한가로 주가를 끌어올렸기 때문에 다음날 바로 매도하는 것보다 하루 더 지켜보고 매도하는 것이 좋겠죠. 전일 쉬어가는 음봉에 매수를 하지 못한 투자자는 세력이 주가를 끌어올리는 시점에서 짧게 먹고 나온다는 전략으로 이 종목에 접근하는 것이 좋을 것입니다. 이러한 급소 매매는 스윙매매에 많이 사용되지만 단기매매에도 바로 적용이 됩니다. 데이트레이딩도 이런 식으로 종목을 골라 공략하는 겁니다.

이제는 앞으로 이런 종목이 나오면 놓치지 않을 자신이 있으시죠? 전고점 돌파 시점의 쉬어가는 음봉을 앞으로 발견한다면 공략종목으로 선정하여 매매해보시기 바랍니다.

세력양봉 윗꼬리 부근의 십자형 캔들 공략법

차트1

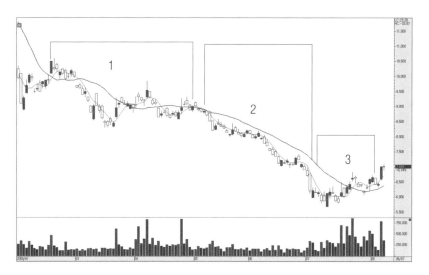

이 종목을 살펴보면 1번 구간은 주가가 서서히 하락하는 시기입니다. 한번 상승해보지만 일시적인 반등으로 끝나고 다시 긴 하락기간이 이어집니다. 2번 구간까지 합치면 거의 5개월 동안 주가가 조정을 받습니다. 이 기간 동안 1만원대의 주가는 5천원대까지 하락하여 반토막이 납니다. 그러다 주가가 하락을 멈추고 3번 구간에서 1개월 정도 주가가 거래량이 늘고 주가가 약간씩 상승하면서 횡보조정을 받습니다. 주가가 하락을 멈추고 상승시도를 하려는 모습이 차트상으로 보이지요.

이제 주가가 5개월간의 하락을 멈추는가를 판단할 수 있는 시기이
고 눈여겨볼 수 있는 구간이지만, 아직 매매할 급소는 나오지 않은 종
목입니다. 그러다 어제 주가가 장대양봉이 탄생합니다. 3번 구간의 고
점을 넘어서는 장대양봉입니다. 이 장대양봉에 대량거래가 실려 있기
때문에 전고점 돌파에 힘이 실리는 모습입니다. 그리고 오늘 장대양봉
위에 십자형 캔들이 나왔습니다. 캔들급소가 탄생한 것이죠. 매매가능
종목으로 변한 것입니다. 차트를 확대해보겠습니다.

차트2

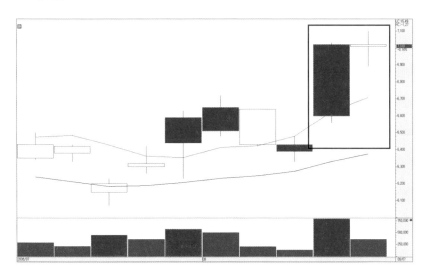

어제 장대양봉 이후 오늘 몸통이 아주 작은 십자형 도지캔들이 탄생
했습니다. 어제 대량거래가 터지면서 장대양봉이 나왔으니 오늘 추가

상승을 하거나 시장 분위기에 의한 상승이라면 하락해야 하는데 주가가 하락하지 않고 장대양봉의 윗부분에 머물러 있습니다.

어제 장대양봉이 나왔다면 차익 매물이 나오거나 어제 주가를 끌어올린 세력이 물량을 정리할 수도 있는데 그러한 기색이 전혀 보이지 않고 있죠. 그렇다고 어제 장대양봉에 따라 들어온 단기성 매물을 두면서 몸통이 있는 음봉으로 소화시키는 것도 아닙니다.

장대양봉의 가장 높은 가격에서 물량을 소화시켜 주고 있습니다. 이는 어제의 가장 비싼 가격에 물량을 받고 있는 것과 마찬가지이지요. 이런 면에서 양음양패턴과 유사하지만 이보다 힘이 강하다고 할 수 있습니다. 세력이 양음양보다 적극적으로 주가를 관리하고 있다는 것으로 해석할 수 있지요. 조금이라도 싼 가격에 물량을 소화시킬 수 있지만 그러지 않고 있습니다. 이런 패턴은 적극적으로 공략할 필요가 있습니다. 종가나 내일 아침 시가에 바로 공략하면 되겠죠. 공략해서 충분히 먹을 수 있는 종목이라는 겁니다.

차트3

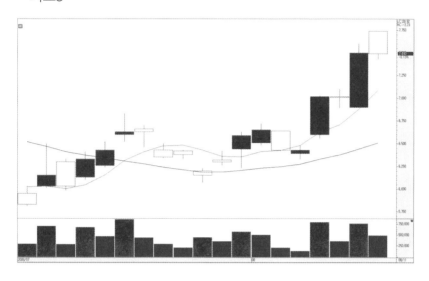

전일 십자 캔들의 종가가 아니라 십자 캔들의 밑꼬리 가격에서 주가가 시작합니다. 주가가 밑꼬리 부분에서 시작을 해서 힘이 없으면 버리면 되는데, 밑꼬리 부분에서 시작을 해서 바로 들어올려 줍니다. 따라 들어가 먹으면 되는 것이죠. 매도는 양봉의 종가에 하거나 다음날 주가를 끌어올려주지 않으면 매도하고 나오면 됩니다. 일단 장대양봉 하나는 먹을 수 있는 것이죠.

차트매매에 의심을 품는 투자자가 가장 많이 하는 말이 차트가 계속 변한다는 것입니다. 오늘 맞는 차트가 내일은 안 맞는다는 것이죠. 물론 이런 패턴을 매매해서 꼭 성공하는 것은 아닙니다. 이렇게 캔들급소를 노리는 매매방법이 매번 맞는다는 것이 아니라 가장 확률이 높고 세력에 개입된 것으로 판단된 차트를 찾아서 짧게 먹고 나오는 것입니다. 이런 방법으로 돈을 버는 사람이 있고 못 버는 사람도 있습니다. 이것은 개인의 노력과 투자패턴의 차이이지, 방법 자체가 잘못된 것은 아닙니다.

이런 것을 가지고 싸우는 사람들이 있는데 그럴 필요가 전혀 없습니다. 주식투자는 돈만 벌면 되는 것이고 여러분은 자신에게 맞는 방법을 찾아 매매하면 됩니다. 가치투자라고 꼭 돈을 버는 것도 아니고 차트매매라고 해도 꼭 돈을 버는 것이 아닙니다. 가장 좋은 방법은 내가 실전에서 돈을 버는 방법인 것이지요. 어느 방법이 좋은지는 여러분이 찾으면 됩니다.

2차 급등 시점에서 캔들 공략법

차트1

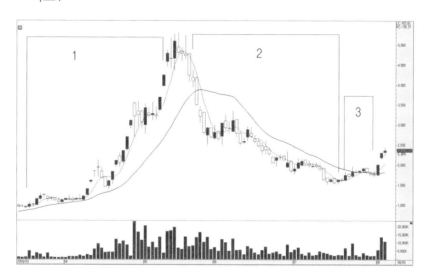

이 종목을 살펴보면 1번 구간에서 주가가 급등합니다. 굉장히 큰 시세를 주죠. 1천원대의 주가가 5천원대까지 상승했으니 이 종목을 1천원대에 매수한 투자자는 지금쯤 하와이에서 시간을 보내고 있지 않을까요. 돈을 벌었으면 떠나야 하는데 계속 붙어있다 벌어놓은 돈을 전부 날렸을지도 모르지요.

이 종목은 크게 시세를 준 다음에 고가에서 횡보하는 것이 아니라 주가가 바로 쭈르르 밀려 내려가고 있습니다. 급히 올라간 만큼 급히 내려오고 있는 모습입니다.

　이 종목을 고점에서 잡으신 분들은 그야말로 지옥행 롤러코스터를 타신 거나 마찬가지이겠지요. 5천원대의 주식이 1천원대까지 다시 하락했으니 만약 돈을 벌었던 분이라도 안 팔고 그냥 가지고 있었다면 먹은 거 다 토해낸 꼴이 되겠죠. 이 종목을 매매하신 분도 계시고 아닌 분도 계시겠죠. 급등과 급락은 상관없이 급락한 이 종목이 매수급소를 주는가가 우리의 관심이 되겠습니다.

　이 종목이 급락하다가 3번 구간에서 하락을 멈추고 잠시 반등을 하는 거 같더니 이틀 연속 상한가가 탄생하고 오늘 2번째 상한가의 고점에서 단봉의 양봉캔들이 만들어집니다.

　우리가 주목할 만한 종목이 된 것입니다. 그러면 우리가 왜 주목해야 되는지 확대해서 분석해보도록 하겠습니다.

차트2

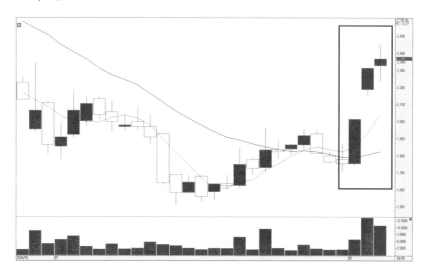

　　3번 구간을 확대한 차트입니다. 주가가 하락을 마무리하고 20일선 까지 상승을 합니다. 그리고 다시 20일선을 깨는 듯하더니 이내 상한 가로 주가를 올립니다. 그리고 그 다음날도 상한가로 주가를 올립니 다. 상한가로 주가를 올리지 않고 음봉조정을 받았다면 공략을 하려고 했는데 매수 기회도 주지 않고 다시 상한가로 주가를 올립니다. 그래 서 이 종목을 포기하려고 하는데 2번 연속 상한가가 만들어진 다음 2 번째 상한가 윗꼬리 부근에서 단봉의 양봉이 만들어집니다. 다시 공략 대상 종목이 되는 것이죠.

　　상한가 2번이라는 것은 상한가 1번과 다른 의미를 가집니다. 상한가 1번이라면 단기 세력이 얼마든지 만들 수 있습니다. 그러나 상한가 2

번은 이야기가 다릅니다. 상한가 2번을 만든다는 것은 상한가 1번보다 많은 자금이 필요합니다. 상한가 1번 만드는 데 3억이 들어간다면, 상한가 2번을 만드는 데는 6억 이상이 필요하다고 볼 수 있습니다. 물론 상한가 2번을 만드는 동안 들어가는 자금을 줄이기 위해 세력은 개인들이 매도할 틈도 주지 않고 주가를 상한가로 올려서 쏟아져 나올 매물을 미리 차단하는 경우도 있습니다. 이 종목 같은 경우가 그렇죠. 이 종목의 분봉차트를 살펴보도록 하겠습니다.

차트3

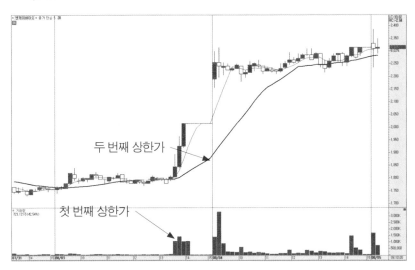

첫 번째 상한가는 장중에 하루 종일 아무 변화 없이 횡보하고 있다가 1시 넘어서 급하게 올라가고 있는 모습입니다. 2시쯤에 상한가에

잔량을 쌓으면서 마감하고 있는 모습입니다. 여기서 잡은 투자자는 내일을 기대할 수 있겠죠. 그런데 급하게 올렸기 때문에 정보를 몰랐다면 매수할 수 없었겠죠. 우리가 잡을 수 없는 상한가라는 것을 인정하고 내일 조정을 받으면 공략 준비를 합니다.

그런데 다음날 갭상승 출발하면서 바로 상한가 근방에서 하루 종일 주가가 놀고 있는 모습입니다. 전일 상한가에 들어간 종목이 갭상승 출발했으면 오늘 잡으려고 준비한 투자자라 할지라도 감히 접근하지 못했을 것입니다. 빠르게 상한가 근처로 주가를 올리면서 자금은 적게 들고 신규로 들어오려는 전문 트레이더들의 접근도 막고 있습니다.

또 바로 상한가에 안착하는 것이 아니라 상한가 근방에서 계속 주가가 놀고 있습니다. 상한가는 들어가지 않고 계속 상한가 근방에서 주가가 움직인다면 불안해서 전문 트레이더라 한들 접근할 수 없습니다. 상한가에 강하게 안착한 것이 아니라 상한가 근방에서 주가가 놀고 있으니 언제 매물이 터져나오면서 급락할지 모르기 때문에 신규 매수자가 접근한다는 것은 거의 불가능하다고 불 수 있겠죠. 그러면서 세력들은 신규 세력의 접근을 못하게 막으면서 불안해서 매도하는 개인들의 물량만 받아가고 있는 모습입니다. 신규매수자의 접근은 막고 불안해서 매도하는 개인 물량만 받는 모습입니다. 우리가 접근할 모습이 전혀 아닙니다.

상한가 2번이 나오는 동안 우리는 접근할 기회를 얻지 못했습니다.

오늘 급소가 나오면 접근하려고 했지만 세력이 저렇게 달라붙지 못하게 하고 있으니 포기해야겠죠. 그런데 다음날 보니까 이런 캔들이 나옵니다.

차트4

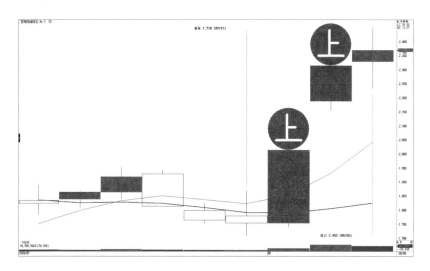

상한가 2번 나오고 그 다음날 전일 상한가에서 약간 높은 가격에서 주가가 출발하는데, 장중에 위아래로 잠시 흔들림은 있지만 주가가 꾸준히 전일 상한가의 윗부근에서 움직이고 있는 모습입니다. 세력이 주가를 확실히 관리하고 있다는 것을 확인할 수 있죠. 세력이 갑자기 물량폭탄을 던질 가능성은 매우 줄어듭니다. 상한가 2번을 만든 세력이 갑자기 물량을 정리하겠다는 것보다는, 2일 연속 상한가를 만들면서 주가를 갑자기 끌어올린 상태이기 때문에 차익을 노리는 개인물량만 받겠다는 세력의 의지로 읽을 수 있습니다.

특히 이 종목은 급등을 했다가 급락을 한 종목이기 때문에 급락하는 과정에서 물린 투자자가 상당히 많을 것이란 말이죠. 세력의 입장에서는 2일 연속 상한가를 만들면서 물린 투자자의 물량을 소화하겠다는 것이죠. 추가로 주가를 올릴 때 쏟아져 나올 물량을 미리 받겠다는 것으로 봐야겠지요. 그러면 급락과정에서 물린 투자자의 물량을 세력이 받아주고 있는데, 그냥 여기서 주가가 끝날 이유는 전혀 없습니다. 상한가 2번을 만든 세력이 여기서 돈도 못 벌고 나갈 이유가 전혀 없다는 것이죠.

특히 물량 소화를 조정 음봉으로 받는 것이 아니라 상한가 윗부근에서 고가에 받아주고 있습니다. 그만큼 세력이 자신이 있다는 것이고 돈도 있다는 것이죠. 조금이라도 싸게 물량을 받는 것이 아니라 조금이라도 비싸게 받아줄 여유가 있다는 것을 자랑하고 있습니다. 결과가 어떻게 되든 이런 종목을 놓쳐서는 어느 세월에 단기매매로 돈을 벌지 알 수 없겠죠. 이런 종목은 노려야 됩니다. 세력이 다시 주가를 끌어올려줄 때 우리도 같이 동참하여 수익을 챙길 준비를 하면 되는 겁니다. 이 종목은 다시 공략대상 종목이 되는 것입니다. 좋은 먹잇감이죠.

차트5

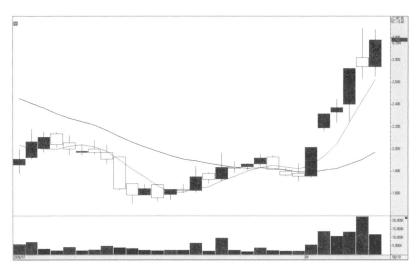

　　이틀 연속 상한가로 주가를 올린 후 하루 상한가 윗부근에서 단봉
으로 물량을 소화시켜 주고, 바로 다음날 상한가로 주가를 끌어올리고
있습니다. 우리는 이 종목을 노리고 있었으니까 상한가 1번은 먹을 수
있었겠죠. 투자자의 매수진입시점과 매도시점에 따라 수익률이 차이
가 있을 수 있지만 누구나 수익을 올리고 나올 수 있었을 것이고, 조정
단봉에 미리 매수하여 다음날 상한가를 챙기고 그 다음날 매도한 투자
자라면 수익률이 극대화됐을 것입니다. 조정 단봉이 탄생한 것을 보고
그 다음날 세력이 주가를 끌어올릴 때 들어가서 당일 매도한 투자자
라고 하더라도, 주가가 상한가로 끝났기 때문에 얼마라도 반드시 벌고
나왔을 것입니다.

차트6

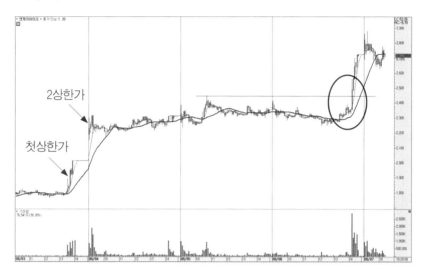

우리가 공략하려던 종목의 전체 분봉차트입니다. 첫 상한가를 올린 후 두 번째 상한가날부터 3일 물량을 소화시키고 있는 모습을 확인할 수 있습니다. 조정단봉 이후 첫 상한가 때와 마찬가지로 1시 넘어서 주가를 움직이고 있는 모습입니다. 본격적인 상승은 2시쯤 시작했습니다. 전일 지지단봉에 매수하지 못한 투자자라면 세력이 주가를 움직여줄 때 접근해야겠지요. 신중한 투자자라면 대량거래가 터지면서 지지단봉의 고점을 강하게 돌파할 때 따라 들어가도 무방합니다. 지지단봉의 고점을 돌파하는 것을 보고 들어가더라도 이후 주가를 급하게 끌어올렸기 때문에 그냥 누구나 수익을 올렸을 것입니다. 앞으로 이런 종목을 반드시 공략대상 종목으로 삼아 매매를 해보시기 바랍니다.

03

갭상승 단봉을 노려라

갭이라는 것은 무엇일까요? 차트에서 갭이란 캔들 사이의 간격이 있다는 것을 말합니다. 무슨 말이냐 하면 주가가 전일 종가 부근에서 출발하는 것이 아니라, 상승하거나 하락하여 출발하는 것을 말합니다. 전일 종가가 1,000원인데 1,050원에 출발하거나 950원에 출발하는 경우 전일 캔들과 당일 만들어지는 캔들 사이에 간격이 생기겠죠.

매매하려고 하면 갭하락하는 종목은 일단 버리는 것이 좋겠죠. 주가가 갭하락했다는 것은 전일 악재가 발생하거나 발생한 악재가 아직 주가에 반영되고 있는 경우가 많을 것입니다. 그래서 일단 갭하락 종목은 여기서 다루지 않습니다. 그러면 갭상승하는 종목에 대해 알아봅시다.

주가가 왜 갭상승할까요? 그것은 갭하락의 반대로 전일 호재가 나왔거나 아니면 발생한 호재가 아직 주가에 반영되고 있는 경우가 많을 것입니다. 그래서 많은 단기 매매를 하는 많은 투자자들이 갭상승하는 종목을 노리는 경우가 많습니다.

갭상승하여 출발한 주가는 일단 상승하느냐, 하락하느냐 어디론가 일단 움직이겠죠. 그런데 주가가 갭상승했단 말이죠. 주가가 갭상승한만큼 매물대를 극복했기 때문에 상승 가능성이 높다고 할 수 있습니다.

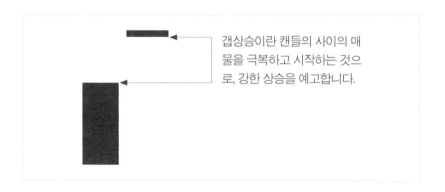

갭상승이란 캔들의 사이의 매물을 극복하고 시작하는 것으로, 강한 상승을 예고합니다.

계단식 갭상승 종목

차트1

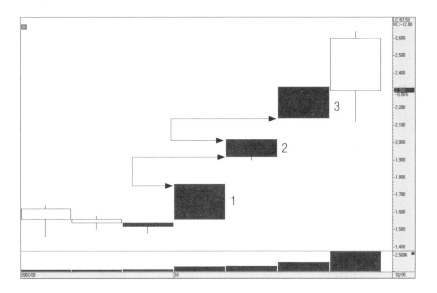

이 종목은 1번 캔들이 장대양봉이죠. 이날 주가는 1560원에 시작하여 14.29% 상승한 1,760원에 마감을 했습니다. 그리고 다음날 주가는 1,920원에 시작을 합니다. 강력한 재료나 세력이 없다면 시가에 무려 9%나 상승시켜 출발시킬 수는 없습니다. 시작에 9%나 상승시킬 매수세가 붙었다면 아래로 하락하는 것보다 충분히 주가를 위로 끌어올릴 힘이 강하다고 판단을 할 수 있습니다.

그래서 단기매매를 하는 투자자 중 시가에 갭상승하는 종목을 노려

매매를 하는 투자자도 있습니다. 시가에 갭상승시킬 만한 매수세가 붙었다면 추가상승이 가능하다고 판단하고 매수에 가담하는 것이죠. 특히 상한가에 진입한 종목은 다음날도 추가 상승할 가능성이 높기 때문에 갭상승하는 상한가 종목을 노리기도 합니다.

이 종목은 1번 캔들에서 2번 캔들로 넘어갈 때 갭상승 출발하더니 3번 캔들로 넘어가는 날에도 갭상승 출발합니다. 시가에 거의 6% 상승시키면서 갭상승 출발하고 있습니다. 그리고 3번 캔들에서는 상한가로 주가가 마감합니다. 이렇게 갭상승 종목은 강한 힘을 가지고 있다고 해석하고 매매를 해야 합니다.

차트2

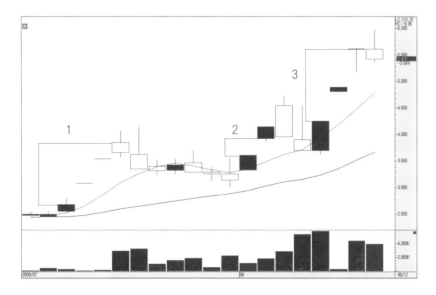

1번을 보면 주가가 개장과 동시에 상한가를 치는 점상한가로 올라갑니다. 갭상승이지만 점상한가로 주가가 마감하기 때문에 시가에 상한가에 물량을 넣어두는 방법 외에는 매수 타이밍이 전혀 없죠.

2번도 보면 갭상승으로 주가가 시작합니다. 그리고 주가가 강하게 올려버리죠. 3번도 갭상승을 하면서 주가가 상승합니다. 이렇게 갭상승은 주가 상승을 견인하는 강한 힘을 의미합니다.

차트3

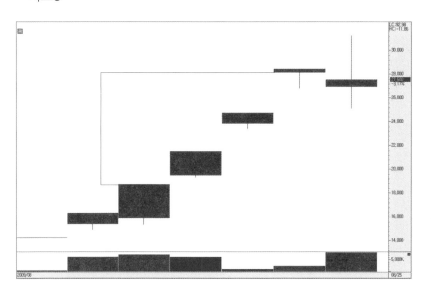

이 종목을 보면 주가가 갭상승으로 상승하고 있습니다. 갭상승이 어떻게 이뤄지는지 분봉을 통해 살펴보도록 하겠습니다.

차트4

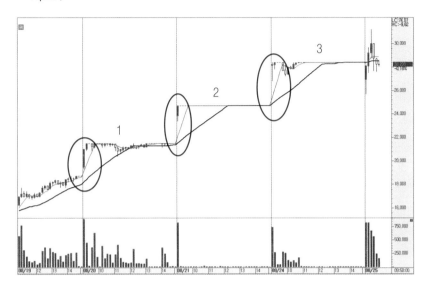

　분봉으로 확인한 갭상승 모습입니다. 분봉으로 보니까 확연히 알 수
있겠죠. 이 종목은 힘이 상당히 강하네요. 개인들이 붙을 시간이 없습
니다.

　1번을 보면 주가가 갭상승 출발하여 주가를 강하게 끌어올립니다.
그러나 고가에서 계속 거래가 이뤄지고 있습니다. 고가에서 나오는 물
량을 세력이 계속 받고 있는 모습입니다. 던질 물량은 다 던지게 한 후
자신들이 물량을 받고 있습니다. 고가에서 거래가 계속 이뤄지고 있는
모습으로 이를 확인할 수 있습니다. 그러나 오후 들어 나올 물량이 거
의 다 나오다 보니 거래가 쑥 줄어들고 있습니다. 오전에 상한가에서

치열한 매매공방으로 세력이 매도세의 물량을 거의 소화시키고 있습니다.

이 종목이 강하다는 것을 알 수 있죠. 이렇게 물량을 소화시켜준 세력이 여기서 주가를 끝낼까요? 아니죠. 자신들의 수익을 위해서 주가를 크게 끌어올릴 가능성이 높습니다. 강한 시세를 기대할 수 있는 종목이 되는 것입니다.

그리고 2번을 보면 전일 장대양봉으로 주가를 마감하고 시가에 주가를 갭상승시켜 출발합니다. 그리고 시가에 쏟아지는 물량을 강하게 소화시키고 있습니다. 신규로 접근하고자 하는 개인들은 매수 기회가 시가 아니면 없었겠죠. 그리고 다음날도 바로 갭상승시켜 주가를 출발시키고 2번과 똑같이 고가로 향하고 있습니다.

세력이 개인들의 접근을 막기 위해서 아침부터 강하게 주가를 올려버립니다. 개인들이 접근할 수 없죠. 일단 가격부담도 있는 종목에다가 따라붙을 기회도 주지 않습니다. 들어갈까 말까 망설이는 사이에 주가를 끌어올려 버립니다. 매매판단을 하고 있는 사이에 주가는 고가에 가있으니 아쉬움만 생길 수밖에 없는 종목이 되는 것이죠. 세력이 개인들의 접근을 막기 위해서 일부러 주가를 빠르게 끌어올리는 겁니다. 세력이 자기도 벌기 바쁜데 여러분들 좋은 일 시킬 일은 전혀 없으니까요.

이런 종목을 놓치면 세력에게 한마디씩 하죠. 그러나 여러분이 세력이라도 이렇게 했을 것입니다. 개인들의 심리를 잘 이용하는 세력의 전형적인 주가 올리기 패턴입니다.

갭상승 종목이 강하다는 것은 알겠는데 이게 매수하기는 부담스럽습니다. 일단 갭상승한 종목이 올라갈지 안 갈지 판단하기 어렵고, 갭상승한 종목이기 때문에 이미 시세를 주고 있는 종목이거든요. 그래서 따라붙었다가 갑자기 매도세가 쏟아지면서 고점에서 물리지는 않을지 매우 고심하게 됩니다. 그리고 갭상승한 종목은 시세를 분출하고 있는 종목이기 때문에 분봉에서 확인했듯이 빠르면서도 호가 움직임이 상당히 빠릅니다. 그래서 매수에 가담하기 어렵지요.

갭상승 종목이 좋다는 것은 알면서도 쉽게 매수에 나서기 어렵습니다. 갭상승 종목은 데이트레이딩에 숙달된 전문 고수의 영역이라는 것이죠. 숙달되지 않은 일반 개인투자자들이 접근하기는 어려운 모습이 바로 갭상승 종목입니다. 그러면 숙달된 전문 트레이더가 아닌 일반 개인투자자들이 갭상승 종목을 노리는 방법은 전혀 없는 걸까요?

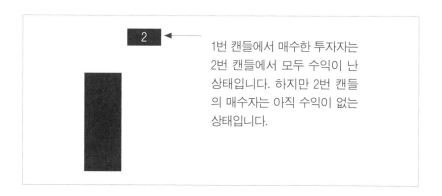

1번 캔들에서 매수한 투자자는 2번 캔들에서 모두 수익이 난 상태입니다. 하지만 2번 캔들의 매수자는 아직 수익이 없는 상태입니다.

1번 캔들에서 장대양봉이 나왔습니다. 일단 장대양봉에서 매수한 투자자는 모두 수익이 난 상태이지요. 그리고 갭상승한 2번 캔들이 나왔습니다. 1번에서 매수한 투자자는 어제의 수익과 함께 2번 캔들이 갭상승하면서 또 수익이 발생했습니다.

갭상승한 2번 캔들에서 매수한 투자자는 아직 수익이 발생한 상태가 아니죠. 아직 본전이라는 겁니다. 그런데 갭상승한 후에 주가가 오르면 2번 캔들의 매수자도 수익이 발생합니다. 1번 캔들에 매수한 투자자보다는 못하지만 수익이 발생하는 것은 틀림없습니다.

갭상승한 2번 캔들이 아직 상승을 못했다면 2번 캔들이 갭상승한 후 주가가 상승하여 장대양봉으로 전환하지 않고 그대로 단봉인 상태라면 아직 수익이 발생하지 않은 것이죠. 우리가 노릴 종목이 바로 갭상승하고 단봉인 상태로 머물고 있는 종목을 노리는 겁니다. 갭상승한 2번 캔들에서 매수한 투자자가 아직 수익을 얻지 못한 종목을 이들이 수익을 올리기 위해서 주가를 올릴 때 따라 들어가는 전략입니다. 여기서 전제조건은 2번 캔들이 단봉이여야 한다는 것이죠.

2번 캔들이 3~5% 정도 상승해서 출발하고 아직 올라가지 않은 단봉인 상태인 종목을 노리는 겁니다. 여기서 갭상승 폭이 7% 이상이면 이미 1번 캔들에서 매수한 투자자는 갭상승한 상태에서 이미 큰 수익이 발생한 상태이기 때문에 언제 매도물량이 나올지 모릅니다. 그렇기 크게 갭상승한 종목도 제외하는 것이 좋습니다.

118

그러니까 3~5% 정도 갭상승한 종목이 아직 단봉인 상태인 종목을
노리는 것이죠. 그러면 실전차트를 통해 살펴보도록 하겠습니다.

바닥다지기 종목에서 갭상승 공략법

차트1

이 종목의 1번 구간을 살펴보면 3개월에 걸쳐 하락합니다. 그동안 4
만원 후반대의 주가는 3만원대를 깨고 내려갑니다. 그리고 2번 구간에
서 3만원대를 회복하는 주가 반등을 주고 다시 하락했다가 전저점 부

근에서 주가가 반등하여 3번 구간에서 3만원대의 주가를 유지하고 있습니다. 그리고 오늘 주가 모습을 보여주고 있습니다.

이 종목 같은 경우는 특별히 차트매매로 매매할 구간은 없었죠. 1번 구간은 3개월 동안 계속 하락추세였기 때문에 매도를 하지 않고 장기투자를 하겠다고 버티던 투자자나, 하락추세에서 일시적인 반등을 노리고 단기투자로 뛰어들었던 투자자라 할지라도 거의 손해를 보거나 수익을 올리지는 못했을 것입니다. 차트로 봐도 매매할 기회를 허락한 종목은 아니었던 것이죠.

차트적으로 매매할 수 있었던 구간은 2번 구간이며, 이때 전저점 매매를 했을 것이고, 전저점 반등도 갑자기 나와서 만족할 만한 수익을 올린 투자자는 없었을 것입니다. 매매하기 매우 안 좋은 종목이었죠.

3번 구간은 주가의 변동성이 거의 없었기 때문에 수익 올리기도 어려웠을 것입니다. 특별히 돈을 벌기 어려웠던 이 종목의 오늘 차트 모습은 왜 주목해야 할까요? 확대해서 자세히 살펴보도록 하겠습니다.

차트2

앞에서 소개한 종목을 확대한 차트입니다. 어제는 20일선을 돌파한 윗꼬리가 조금 달린 양봉이 나왔습니다. 장대양봉은 아닙니다. 이제까지의 이 종목의 움직임을 살펴보면 주가 움직임이 크지 않은 무거운 종목이기 때문에 주가 변동이 큰 장대봉은 잘 나오지 않는 것을 확인할 수 있습니다.

그리고 오늘 양봉의 단봉이 나왔는데 갭상승해서 나왔다는 것에 주목할 필요가 있습니다. 어제 20일선을 뚫었습니다. 저항선인 20일선을 뚫었다는 것은 쏟아져 나오는 매물을 누군가가 먹었다는 것입니다. 이는 거래량의 증가로 알 수 있습니다. 단번에 20일선의 매물을 소화하게 되면 부작용으로 일시적으로 쉬어가는 모습이 나올 가능성이 있습니다. 그런데 쉬어가는 캔들이 나오는 것이 아니라 갭상승하여 주가가 출발하여 양봉이 나왔습니다. 음봉의 단봉으로 매물을 소화하면서 조정을 주는 것이 아니라 갭상승하여 강하게 매물을 소화하고 있습니다.

음봉의 쉬어가는 캔들은 쏟아지는 매물을 비싼 가격에 안 사겠다는 것이죠. 느긋하게 매물이 소화되기를 기다리고 있는 모습입니다. 그런데 갭상승 양봉이란 시가부터 비싼 가격에 매수를 시작하여 장중에 쏟아지는 매물을 비싼 가격에 다 소화시켜주는 것입니다. 어찌 보면 돈 자랑하는 것인데, 그만큼 이 종목이 강하다는 것이죠. 지금 이 종목에 개입한 세력이 음봉으로 조정을 주는 세력보다 적극적이고 강하다는 것이죠. 실탄이 여유가 있다는 것으로 해석하는 겁니다.

여러분이 세력이라면 상승 초기니까 조금이라도 물량을 싸게 매집하려고 하지, 비싼 가격에 주식을 매수하려 하지는 않을 것입니다. 조금이라도 싸게 매수하려고 한 호가라도 밑에서 매수하려는 것이 투자자의 심리인 것이죠.

그리고 이 종목은 살펴보면 오랜 기간 동안 주가가 하락하고 조정을 받았습니다. 3번 구간의 횡보조정이 2개월 정도이고 하락한 기간까지 살펴보면 6개월입니다. 6개월 동안 이 종목은 시세를 주지 못했습니다. 6개월 전 하락한 주가까지는 아니더라도 충분히 반등 시세를 줄만한 시기가 된 것이죠. 이 시기에 20일선을 뚫은 다음 갭상승 양봉이 나온 것은 바로 캔들급소가 탄생한 것이죠. 이 종목이 이제 공략대상 종목이 되는 것입니다.

실탄을 장전해놓고 세력이 움직여주면 바로 발사할 준비가 되어 있어야 합니다. 특히 오늘 갭상승 양봉이 나오면서 3월에 나온 전고점은 돌파할 가능성이 매우 높아졌습니다. 이 종목이 올라가면 적어도 3월의 전고점까지를 1차 목표가로 잡고 공략준비를 하는 겁니다. 3월의 전고점 주가는 강한 장대양봉 하나면 돌파할 수 있으니까 우리는 장대양봉 하나 노릴 수 있는 것이죠. 내일의 주가를 살펴볼까요.

차트3

3월의 전고점을 강한 장대양봉으로 뚫고 있는 모습입니다. 이 양봉 하나는 챙길 수 있는 것이죠. 우리는 20일선을 뚫은 다음 갭상승 양봉을 주목했는데 거기가 바로 캔들 급소가 된 것입니다. 왜 갭상승 양봉을 주목하고 공략대상 종목이 되는지 아시겠죠.

일단 장대양봉 하나로 수익을 챙기고 단기투자자라면 매도하든지 아니면 그 다음 주가를 보고 다른 매매법을 적용해서 접근해야겠죠. 20일선을 뚫고 갭상승 양봉이 나오고 전고점을 장대양봉으로 뚫은 종목은 굳이 매도할 필요는 없습니다. 스윙매매법으로 계속 보유하는 전략도 가능합니다. 왜 그럴까요?

여러분이 세력이라면 6개월 조정을 받은 종목을 이제 막 올렸는데 상한가도 아니고 장대양봉 하나 먹고 빠져 나오겠습니까? 특히 전보다 이번 상승파동은 거래량이 급증하고 있다는 것을 보여줍니다. 특히 무거운 종목이 거래량도 급증하는데 양봉 하나에 상승파동이 끝나지는 않는다는 것이죠. 그렇다고 이런 종목이 큰 상승파동을 만들어내기도 힘듭니다. 그 이유는 6개월 동안 하락하면서 매물이 굉장히 많이 쌓여 있다는 것이죠.

그리고 이렇게 무거운 종목은 단지 세력이 개입했다고 올라가지 않습니다. 상승한 모멘텀이 있어야죠. 기업의 실적이 필요합니다. 그러니까 이런 종목은 길게 볼 수가 없습니다. 오랜 하락기간을 거친 종목의 일시적인 반등으로 생각하고 길게 가져가서는 안 된다는 것입니다.

길게 가져가려면 이제부터는 캔들이나 차트가 아니라 기업가치로 접근을 해야 되는 것이죠. 캔들매매는 단기매매라고 말했습니다. 세력이 개입된 종목의 상승급소를 캔들로 찾아 매매하는 것이 바로 캔들매매의 핵심입니다.

그런데 갭상승 단봉 이후 주가가 꼭 올라가나요? 아니죠. 이 종목의 1주일 전을 살펴보면 비록 음봉이지만 몸통이 짧은 단봉이기 때문에 음봉의 의미가 없는 갭상승 단봉이 나왔습니다. 그런데 그때는 주가가 올라가지 못하고 실패했습니다.

차트4

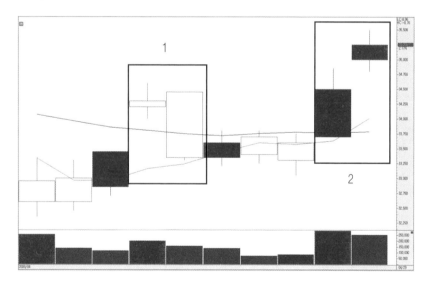

2번 구역은 갭상승 양봉이 성공한 곳이고, 1번 구간을 실패한 곳입니다. 1번 구간을 살펴보면 20일선을 갭상승으로 뚫고 음봉의 단봉을 만들고 있습니다. 여기까지는 좋습니다. 내일 공략대상 종목이 될 수 있죠.

그 다음날 공략 준비를 합니다. 그런데 주가는 어떤가요? 시가에 약간의 갭상승 출발했는데 오르지 못하고 바로 밀려 내려간 모습입니다. 여기서 올라갈 종목이라면 시가부터 매수세가 붙으면서 올라줘야죠. 그런데 이 종목은 갭상승 출발하고부터 바로 밀립니다. 시가부터 바로 밀리는 종목은 건드리는 것이 아니죠. 이 종목은 공략대상이지만 세력이 움직여주지 않았기 때문에 매수하는 게 아닙니다. 어제 20일선을 갭상승으로 뚫어서 오늘 기대감을 가진 차트매매자들이 시가부터 공략을 하여 시가는 높게 형성되었지만, 그 다음에는 아무도 매수세로 가담하지 않았기 때문에 밀리는 겁니다.

그래서 이 종목은 공략대상 종목이었지만 매매는 하지 않는 것이죠. 세력이 개입되지 않았기 때문입니다. 아무리 좋은 차트라도 세력이 움직여줘야 매매하는 것이죠. 차트가 안 맞는다고 하는 사람들은 이런 매매법을 모르거나 매매를 안 해봤기 때문에 차트가 안 맞는다고 하는 것입니다.

차트는 통계이고 확률매매를 하는 것입니다. 확률이 높은 종목을 골라 세력이 움직여주는 종목을 한 입 먹고 나온다는 전략을 구사해야 되는 것이죠. 이게 차트매매의 핵심이자 가장 디테일한 부분입니다. 이를 충실히 실전에서 할 수 있느냐가 차트매매의 성공여부를 가름하는 것입니다.

이걸 모르니 차트가 안 맞는다고 하면서 가치투자를 합니다. 그러면 가치투자는 분석한 대로 주가가 항상 움직이나요? 아니죠. 가치투자가 분석한 대로 움직인다면 여러분 말고 애널리스트들이 벌써 벼락부자가 되어 있어야 합니다. 개미들은 애널리스트가 분석한 자료의 끝자락에 붙어있는 투자들이기 때문에 잘해야 떡고물이나 먹는 것이죠.

그렇다고 가치투자가 절대 틀리다는 말이 아닙니다. 시간이 없는 사람은 차트매매를 할 수가 없습니다. 이런 분들은 절대로 차트매매를 해서는 안 되고, 가치투자가 유일한 대안이 될 수 있을 것입니다.

모든 매매법은 각각 장단점이 있습니다. 여러분이 차트매매를 하려면 제대로 배우고 하라는 것이죠. 모든 일이 그렇지만 어설프게 했다가는 밥벌이가 안 됩니다. 뭐든지 어떤 경지에 올라야 나가서 써먹을 수 있고 밥벌이도 할 수 있는 것입니다. 차트매매는 순간의 싸움이요. 시간의 싸움이기 때문에 어설퍼서는 절대로 돈을 벌 수 없습니다.

이 책으로 차트에서 캔들의 원리를 나름대로 익히시기 바랍니다.

차트5

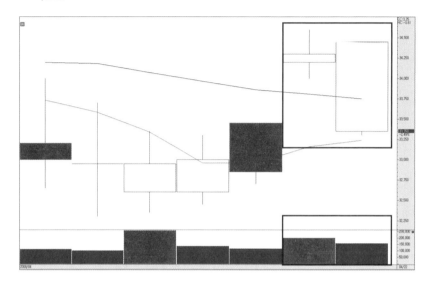

　1번 구역을 자세히 보세요. 시가부터 떨어지는데 성공한 케이스와 뭐가 다르죠. 거래량이 없습니다. 그러니까 아무도 오늘 이 종목을 건 드리지 않았다는 것이죠. 어제의 기대감으로 시가부터 매수한 투자자 외에는 호가를 올려서 매수에 가담한 투자자가 아무도 없다는 것을 보여줍니다. 그냥 호가에 물량만 받쳐놓고 나오는 물량만 체결됐다는 것 이죠. 장중에 이 종목은 슬슬 흘러내렸을 것입니다. 매수세가 실종됐으니 거래가 전혀 없는 것이죠. 왜 이 종목이 실패했는지 이제 알겠죠. 어제의 차트 모습이 기가 막히게 좋다고 하더라도 오늘 움직이는 세력이 없다면 공략하지 않는 겁니다. 아까도 말했지만 움직이는 세력이 존재하지 않는 한 공략하지 않는 것이 차트매매의 핵심이라고 했습니다.

128

2차 시세 분출 종목에서 갭상승 공략법

차트1

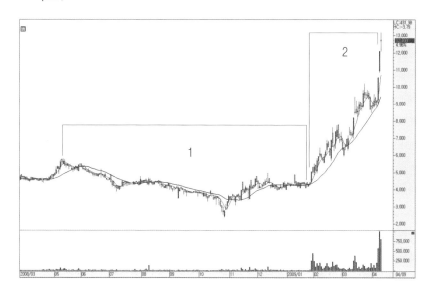

이 종목의 1번 구간을 보세요. 상당히 오랜 기간 동안 주가가 조정을 받고 있습니다. 거의 9개월 동안 주가가 횡보합니다. 그러나 차트를 길게 봐서 그렇지 1번 구간의 처음 6개월 동안은 하락조정을 받습니다. 그러다 한번 확 밀리기도 하는데 바로 주가를 원위치시키고 있습니다. 그리고 나머지 3개월 동안은 주가가 조정기간의 가격대를 유지해주고 있습니다.

2번 구간에서 주가가 크게 시세를 주고 있습니다. 보통 차트를 해석할 때 보면 1번 구간을 세력의 매집구간으로 봅니다. 보통의 차트해석자들은 이런 차트를 보고 9개월 동안 세력이 음밀히 매집한 종목이라고 말하는 경우가 있습니다.

　보통은 1번 구간을 세력의 매집으로 보는 경우가 많습니다. 그러나 2번 구간의 시세분출이 있었기에 세력의 매집구간이라고 하는 것이지, 실제로 1번 구간이 세력의 매집구간인지 아닌지는 2번의 시세분출이 있기 전에는 알 수가 없습니다. 지난 차트를 놓고 보면 1번이 세력의 매집구간이지만 지나기 전에는 세력의 매집구간인지 아닌지는 알 수 없다는 것이죠. 한번 볼까요.

차트2

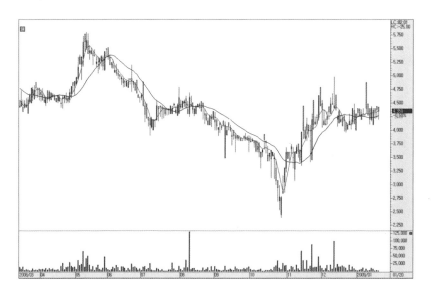

1번 구간만 놓고 본 차트입니다. 세력이 매집한지 알 수 없습니다. 세력이 올릴 것인지 아닌지 알 수가 없는 종목입니다. 그렇기 때문에 이런 종목을 '세력의 매집'이라고 판단하여 미리 매수하는 우를 범할 수 있습니다. 설령 이 종목이 세력이 매집하고 있는 종목이라 한들 세력이 언제 올릴지 알 수 없습니다. 9개월 조정이지만 계속 주가가 계속 조정받을 수 있다는 것이죠. 그야말로 보초를 서야 되는 건데 주식투자를 보초나 서려고 하는 사람은 없겠죠. 이게 돈을 못 버는 초보투자자가 가장 많이 저지르는 실수 중 하나입니다.

차트매매로 성공하려면 움직이지 않는 종목은 건드리지 않는 것입니다. 특히 차트 중에서도 캔들매매 시 이런 종목은 더욱 더 건드리지 말아야죠. 캔들매매는 보초를 서는 매매법이 아니라 캔들 급소가 탄생한 종목은 매매종목으로 선정을 하여 빠르게 매매를 하고 빠져나오는 매매법입니다.

캔들매매를 하지 않더라도 움직이지 않는 종목은 매매하지 않습니다. 주가가 움직이면 그때 매수가 가능한지 아닌지를 판단하고 매매를 해야 합니다. 앞으로 이런 차트를 보고 보초 서지 마세요.

1번 구간에서는 건드리는 게 아니라고 했습니다. 그런데 2번 구간을 살펴보면 시세를 크게 주고 있죠. 1번 구간에서 세력들이 매집했다면 제대로 한 것이죠. 1번 구간에서는 별 볼일 없던 종목이 2번 구간에서는 연일 엄청난 거래량을 터트리면서 주가를 확 끌어올리고 있는 모습입니다. 차트매매에 능숙한 투자자라면 2번 구간에서 다양한 매매법을 구사하면서 매수할 수 있었을 것입니다. 뒤에서 배울 캔들매매의 급소가 나온 구간도 있습니다.

2번 구간에서 시세를 주는 동안 다양한 매매법을 통해서 수익을 올린 투자자도 있을 것이고 그냥 구경만 했던 투자자도 있을 것입니다. 이 종목에서 돈을 번 투자자와 못 번 투자자가 있는데 오늘 같은 모습이 나왔습니다.

주가는 4천원대인 주가가 1만 2천원까지 무려 300% 정도 상승한 상태입니다. 엄청난 시세가 나왔습니다. 1억을 매수했으면 3억이 되었을 것입니다.

올라간 것은 잊어버리죠. 오늘의 차트 모습이 나왔는데 매매해서 먹을 수 있는 급소가 나왔는지 아닌지를 한번 알아보겠습니다.

차트3

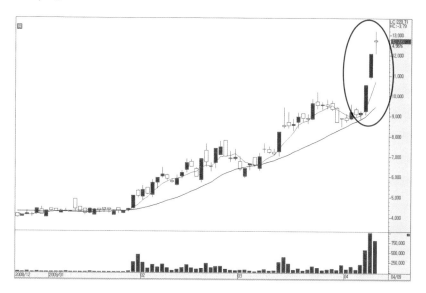

2번 구간을 확대한 차트입니다. 주가횡보 기간을 지나 거래량이 터지면서 주가가 상승하는 모습을 볼 수 있습니다. 1개월가량 주가가 상승하고 20일선에서 눌림목 조정을 주고 주가가 다시 상승합니다.

그리고 또 1개월 정도 상승하고 다시 20일선 눌림목 조정을 받다 전에 볼 수 없었던 대량거래가 터지면서 연속으로 상한가 2번이 나옵니다. 그리고 오늘 주가가 갭상승하여 출발했다가 다시 한번 상한가를 향해 주가가 올라갑니다.

이후 매물을 쏟아지면서 시가보다 주가가 하락을 합니다. 그러나 저가 매수세가 붙으면서 십자형 단봉캔들이 탄생합니다. 상한가 2번 탄생한 부근을 확대해서 보도록 하겠습니다.

차트4

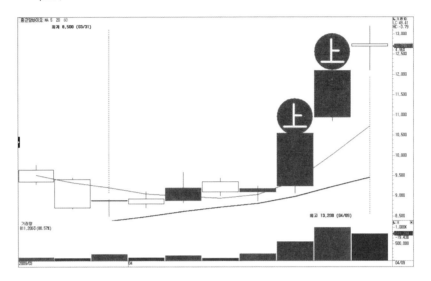

　　20일선에서 눌림목에 성공하고 대량의 거래량이 터지면서 상한가가 나오고 있습니다. 1번 구간의 거래량이 평균적으로 1~2만 주였고, 2번 구간에서는 10만 주 이상으로 거래량이 크게 늘어나긴 했지만, 첫 번째 상한가 갠들에서는 전에 볼 수 없었던 압도적인 거래량으로 주가가 올라가고 있습니다. 2번째 상한가에서는 거래량이 100만 주 넘게 터지고 있는 모습입니다. 이런 분명히 누군가 주가를 움직이고 있는 것이 확실하죠.

　　1번 구간에서 매집했던 세력이 2번 구간에서 시세를 주고 마지막 불꽃놀이를 위해 자신들의 물량을 정리하기 위해 대량거래를 터뜨리며 상한가로 주가를 끌어올리는 것을 해석할 수도 있습니다. 그렇기에 접근하기 상당히 부담스러운 종목이 아닐 수 없습니다. 이미 2번 구간에서 100% 정도 큰 시세를 준 종목인데 대량거래가 터지면서 상한가가 출현한다는 것은 세력이 물량 정리를 위해 개인들을 끌어모으려는 것이죠. 차트매매를 하기에는 안전한 구간은 분명 아닙니다. 사실 실전에서는 포기해야 하는 종목이죠.

대량거래가 터지면서 상한가 2방이 나왔으니 이 종목은 포기하고 입맛만 다시면서 구경하고 있는데, 다음날 주가가 5% 정도 상승하여 출발합니다. 다시 상한가로 올라가는 것 같더니 9% 정도 상승했다가 더 이상 올라가지 못하고 보합까지 밀립니다. 이후 시가보다 약간 하락한 가격에서 마감합니다. 차트를 보면 상한가 2번 이후 갭상승 출발한 종목이 십자단봉캔들로 마감한 모습입니다. 십자단봉이면 매수세와 매도세가 팽팽하게 맞선 종목에서 탄생합니다. 어디로 향할지 모르는 모습이죠.

그런데 이 종목은 이미 상한가 2방과 십자단봉이 출현하면서 200% 이상의 시세가 분출한 상태입니다. 이 지점에서 십자단봉을 팽팽한 기싸움이라고 해석하기란 무리가 있습니다. 사실 이 상태라면 주가가 언제 하락할지 모르는 상태입니다. 세력이 언제 물량을 털고 나갈지 모르는 매우 불안한 상태라는 것이죠. 또 이렇게 시세를 분출한 종목은 세력이 물량을 언제 얼마나 정리하고 더 이상 주가를 관리하지 않을지 매우 불안한 상태입니다. 급등한 종목을 세력이 주가관리를 해주지 않는다면 잘못 들어갔다가는 급격한 하락을 맞아 큰 손실로 이어질지 모르는 상태입니다. 실로 불안한 종목인 것이죠.

그러나 하루짜리 캔들급소 공략법을 사용한다면 조금 얘기가 달라 질 수 있습니다. 세력이 물량을 매집하고 주가를 올린 종목이라고 생 각해봅시다. 세력은 자신들의 물량을 정리해야 합니다. 이 정도의 주 가 시세를 주려면 세력이 상당한 물량을 들고 있을 것입니다. 빨리 먹 고 빠져버리는 단기세력의 물량과는 다르다는 것이죠. 그러면 세력이 들고 있는 물량이 많은 만큼 하루이틀에 정리할 수 없습니다. 최소 며 칠은 걸린다는 것이죠. 상한가 2번 만들면서 대량거래가 터졌을 때 세 력이 빠져나갔을 것이라고 판단할 수도 있습니다. 하지만 상한가로 주 가를 올리면서 관리했다고 해도 상한가로 만들기 위해 신규자금이 투 입될 수밖에 없습니다.

상한가 한 번 만드는 데는 많은 돈이 듭니다. 그런데 연속 상한가는 첫상한가보다 훨씬 많은 돈이 필요합니다. 대량거래가 터졌다고 하지 만 결코 여기서 세력이 물량을 모두 정리하기란 불가능합니다. 그리고 오늘 나온 십자단봉은 거래량도 줄었습니다. 사실 오늘 세력이 물량을 완전히 정리하는 날이라면 장대음봉이 나오거나 십자단봉을 만들었으 니 장중에 엄청 흔들어대면서 물량을 정리했다면 거래량이 조금 더 늘 어나야 하는데, 거래량이 많기는 하지만 어제보다 줄었습니다. 세력이 이 종목에서 끝을 봤다면 십자캔들로 주가가 마감하지는 않았을 것입니다. 아직 시세 분출 가능성이 있습니다.

그런데 이 종목은 상한가 2번을 만든 세력이 누구인가를 알 수가 있는 종목입니다. 바로 기관입니다. 일반적으로 주가를 움직이는 매수세를 세력이라고 부릅니다. 세력에는 한국주식시장의 세력의 양대산맥을 형성하고 있는 기관과 외국인 그리고 인위적으로 주가를 부양하려는 세력이 있습니다.

누구나 주식투자로 수익을 남기려고 합니다. 일반적인 룰을 버리고 주가를 움직이려는 작전세력이 있습니다. 정식 룰 아래서 거대자금을 가지고 주가를 부양하려는 세력이 바로 기관과 외국인입니다. 이들은 거대세력이고 막대한 자금을 가지고 있는 만큼 주가를 움직이기 쉽습니다. 이들의 움직임을 모른다면 턱없이 부족한 자금력과 정보력을 가진 개인투자자 입장에서는 아주 불공정한 게임이 될 것입니다. 그래서 기관투자자와 외국인의 움직임을 모두 파악할 수 있도록 이들이 매수하는 종목과 금액은 모두 공개가 됩니다. 그래서 이들의 움직임은 파악하기 쉽습니다.

그런데 이 종목에서 상한가 2번을 기관투자자의 매수가 들어오면서 만들었습니다. 한번 살펴볼까요.

거래량

일자	종가	대비		거래량	외국인	개인	기관계
04/24	16,500	▼	400	212,195	-11,330	-29,259	34,199
04/23	16,900	▲	700	350,539	11,330	-5,929	-17,501
04/22	16,200	▲	200	189,046	-2,440	-18,830	22,300
04/21	16,000	▼	50	262,272	620	-19,340	17,620
04/20	16,050	▲	400	432,050	1,820	-20,370	20,870
04/17	15,650	▲	450	305,202		-85,282	92,812
04/16	15,200	▲	600	267,861	-190	-73,920	69,620
04/15	14,600	▼	750	492,634	1,100	-72,870	68,620
04/14	15,350	▼	1,400	912,782	-1,110	-16,407	4,947
04/13	16,750	↑	2,150	1,058,982	-210	114,739	-116,109
04/10	14,600	↑	1,900	1,130,759	540	-57,532	45,142
04/09	12,700	▲	600	811,200	-5,330	17,544	-9,864
04/08	12,100	↑	1,550	1,006,811	-5,570	-139,200	131,570
04/07	10,550	↑	1,370	571,454	7,600	-140,520	132,920
04/06	9,180	▲	80	194,370	-2,300	54,370	-50,220
04/03	9,100	▼	100	69,801	-6,930	17,570	-10,700
04/02	9,200	▲	390	145,320	5,070	11,920	-16,000
04/01	8,810	▼	90	76,035	5,570	439	-5,009
03/31	8,900	▲	190	186,660	1,730	61,130	-30,170
03/30	8,710	▼	640	63,518	-2,800	960	1,840
03/27	9,350	▼	150	89,820	-1,470	3,470	-2,000
03/26	9,500	▼	70	67,140	2,890	-2,890	

첫 번째 상한가를 만드는 날 4월 7일 기관이 132,920주를 매수합니다. 그전에 보면 기관이 계속 매도하고 있습니다. 4월만 보더라도 4월 1일 5,009주 매도, 4월 2일 16,000주 매도, 4월 3일 10,700주 매도, 4월 6일 50,220주 매도를 합니다. 3월 31일 30,170주를 매도한 것까지 합치면 112,099주나 됩니다. 이 기간이 20일선 눌림목 구간입니다. 조정구간이라는 것이죠. 그런데 단 하루 만에 13만 주 이상 매수하면서

5일간 매도물량을 넘어선 매수를 보여주고 있습니다.

　그러면 주가가 크게 상승한 상태에서 기관의 대량 매수세가 들어왔다면 '이거 뭔가 있구나' 하고 지켜봐야 합니다. 그런데 상한가란 말이죠. 매수할 수 없습니다. 그런데 그 다음날도 기관이 어제와 비슷한 물량이 131,570주를 매수합니다. 그런데 또 상한가입니다. 차트급소 매매법으로 매매하지는 않습니다. 급소 없이 주가가 상한가로 상승하고 있으니까요.

　그런데 오늘 기관이 9,864주를 매도하면서 십자단봉이 나왔습니다. 이렇게 높은 고가에서 상한가가 연속으로 출현하길래 세력의 마지막 불꽃놀이라고 생각했는데 기관의 대량매수가 들어왔다면 이 종목을 달리 봐야죠. 거기다가 캔들급소가 탄생했다면 추가 상승 가능하다고 생각하고 공략해야죠. 비록 고가이기는 하나 캔들매매가 어차피 길게 가져가는 개념이 아니고 짧게 먹고 빠지는 전략이기 때문에 충분히 우리가 공략 가능하다는 것입니다.

차트5

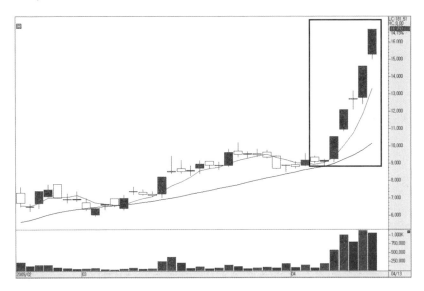

어때요. 십자단봉 이후에 다시 연속 상한가 2방이 나오고 있는 모습입니다. 불꽃놀이 제대로 하고 있죠. 2번 구간의 20일선 눌림목 구간에서 기관이 개입하면서 다시 100% 정도 상승을 하고 있는 모습입니다. 3천원대에서 1만 6천원을 돌파했으니 제대로 올라갔죠. 여기서 상한가 2번이 터졌으면 욕심내지 말고 내일 다시 상한가가 나오지 않으면 정당한 선에서 매도하는 것이 좋습니다. 왜냐하면 이미 저점대비 엄청난 상승을 한 종목이구요. 1번 구간에 비해 2번 구간의 거래량이 상당히 많이 터졌다고 생각했는데 이번에 상한가가 나오는 구간에서는 2번 구간의 거래량이 아무것도 아닐 정도로 엄청난 거래량이 터지고 있습니다. 그야말로 불꽃놀이라고 보고 적당한 선에서 빠져나오는 것이 정석입니다.

물론 상황을 봐서 주가가 무너지지 않는다면 길게 가져가는 것도 나쁘지 않습니다. 다만 지금 스윙매매나 장기투자를 하는 것이 아니라 캔들매매를 하고 있기 때문입니다. 캔들매매를 가지고 매수를 했다면 주가가 급등을 한다고 갑자기 매도방법에 대해서는 다른 생각을 가져서는 안 됩니다. 캔들매매로 매수를 했으면 매도도 캔들매매법으로 매도를 생각해야죠. 아까 고가지만 수급이 받쳐준 급소가 탄생했으니까 짧게 먹고 나오자고 매수했는데, 주가가 급등한다고 '이 종목에서 팔자를 고치겠다느니', '장기투자를 하겠다느니' 하면 안 된다는 것입니다. 많은 투자자들이 실패하는 이유 중에 하나가 매수할 때와 매도할 때 생각이 달라져서입니다. 특히 손절 상황이 왔을 때 생각이 완전히 달라지죠.

3% 이상 하락하면 매도하겠다고 생각하고 매수했는데, 실제로 3% 하락했다고 해봅시다. 그러면 처음에 생각한 손절 가격에 왔으니 매도해야 하는데, 막상 그 가격에 오면 매도하는 것보다 이제부터 반등할 것 같다는 생각이 아주 강하게 듭니다. 그래서 매도를 못 합니다. 심지어는 3% 이상 떨어지면 매도하겠다고 매수했다가 생각지도 않은 장기투자를 하는 분도 계십니다. 이러면 절대로 투자에서 성공할 수 없습니다.

이러한 매매습관을 보이는 이유는 자신만의 매매기준이 없기 때문입니다.

먼저 주식투자에서는 처음에 자신이 무슨 이유로 이 종목을 매수했는지 투자기준을 세우는 것이 가장 중요합니다. 그래야 그 이유가 사라졌을 때 매도를 하거나 손절매를 할 수 있는 것이죠. 기준이 없기 때문에 주가가 어느 쪽으로 움직이든 우왕좌왕하게 됩니다. 자신만의 매매원칙을 세워서 매수기준에 도달하면 매수하고, 기준을 이탈하면 매도하는 원칙이 아주 중요합니다.

특히 짧게 먹고 나오는 캔들급소를 공략하는 매매법에서는 이런 원칙이 더욱 중요합니다. 한 번 원칙없이 매매를 하면 감을 잃어서 계속 돈을 잃을 수가 있습니다. 그러니까 제가 원칙을 강조하고 욕심부리지 말라고 계속 강조하는 겁니다.

주식투자 자체가 위험하지만 특히 단기매매는 위험성이 높습니다. 그래서 가장 안전한 구간에서 급소가 나온 종목만 노리자는 겁니다. 저는 연속 상한가 나온 종목에 따라 붙으라고 하거나, 하한가인 종목 물량 풀릴 때 덤비라고 하지 않습니다. 급소 나온 종목만 매매를 하자는 겁니다. 특히 저점에서 급소 나온 종목을 매매하자는 겁니다.

이 종목은 물론 고점에서 급소가 나왔습니다. 그러나 세력이 아직 이탈하지 않은 차트지점에서 수급이 받쳐주니까 짧게 먹고 나오자고 하는 거 아닙니까. 기관이 들어오니까 상한가에 물량을 밀어 넣으라고 하거나, 이런 고점에서도 기관이 매수를 하니 뭔가 있는 종목이 틀림없다거나, 대박종목을 터뜨릴 수 있는 종목이니 장기투자를 하라는 이야기가 아닙니다.

주식투자 자체가 위험성이 있지만 가장 안전한 구간에서 세력이 이탈하기 전 짧게 먹고 나오자는 매매법이 어렵다면 매매를 하지 않는 게 마음이 편하겠지요. 저는 절대로 이 매매법이 참 좋으니 꼭 해보라고 말하지 않습니다. 아무리 좋은 것도 안 맞으면 못하는 것이고 나쁘다고 하는 것도 자신에게 맞으면 하는 겁니다. 자신의 기준을 만들 때까지 다양한 의견에 귀를 기울이시기 바랍니다.

단기투자는 말 그대로 단기이기 때문에 매매하고 나오면 빨리 다른 종목을 찾아야 합니다. 장기투자가 아니라는 것이죠. 계속 종목이 나오는데 한 종목 가지고 마음에 두고 있어서는 안 된다는 것입니다. 이게 단기투자를 하면서도 컨트롤 못하는 것이거든요. 이것은 실전에서 경험을 통해 극복을 해야 합니다.

chapter 4

다중 캔들 공략법

지금까지는 세력이 개입을 하여 장대양봉을 만들고 쉬어가는 캔들에 대해서 차트해석 방법과 함께 배워보았습니다. 이번에는 세력이 하루를 쉬어가는 것이 아니라 2일에서 3일을 쉬어가는 패턴에 대해서 알아보겠습니다.

어떤 종목은 하루를 쉬어가고 어떤 종목은 2일에서 3일을 쉬어가니 1일 쉬어가는 종목은 성질 급한 세력이고, 3일을 쉬어가는 세력은 성격이 느긋하기 때문에 그런 것이냐 물으신다면 저도 모르겠다고 말할 수밖에 없습니다.

하루 쉬고 주가를 상승시키려 했는데 조정 캔들 한 개로는 개인투자자들의 물량을 흡수하지 못했거나, 시장 상황에 따라 하루 더 쉬어가는 경우가 있을 수 있습니다. 이러한 패턴에 대해서 배워보도록 하겠습니다.

2지지캔들 공략법

기본형

세력이 하루 조정만 주고 주가를 올리면 좋겠는데 하루 더 쉽니다. 그러면 하루 버티면서 물량을 들고 있는 투자자라도 주가가 하락할 수 있다는 불안감에 물량을 정리할 수 있습니다. 세력의 입장에서는 조정

음봉 하나로 개인들을 완전히 털어내지 못했다고 생각한다면 하루 더 쉬어갈 수 있습니다. 주도권은 세력이 쥐고 있는 것이니까요. 아니면 장이 받쳐주지 않기 때문에 하루 더 쉬어갈 수도 있는 것이지요. 어느 경우인지 우리가 알 수는 없습니다. 그러나 그런 것에는 상관없이 중요한 것은 이 종목이 아직 살아있다는 것입니다.

중요한 것은 장대양봉을 만든 세력이 아직 이 종목에서 빠져 나가지 않고 버티고 있다는 것이죠. 이 종목이 무너지기 전까지는 세력의 개입을 확신하고 공략대상 종목으로 삼아야 한다는 것입니다. 하루 만에 주가를 올리지 않는다고 매도하는 데이트레이더라면 다른 매매법으로 매매해야겠지요. 그러나 캔들매매자들은 급소가 탄생된 종목이 그대로 급소가 유지되는 한 그대로 공략대상 종목으로 선정되어 있는 것입니다.

탄생된 캔들 급소가 그대로 존재하는 한 사냥이 아직 끝나지 않았다는 사실을 잊지 말아야 합니다.

실전사례를 통해 자세히 연구해보도록 해보겠습니다.

세력봉이 살아있는 2음봉 공략법

차트1

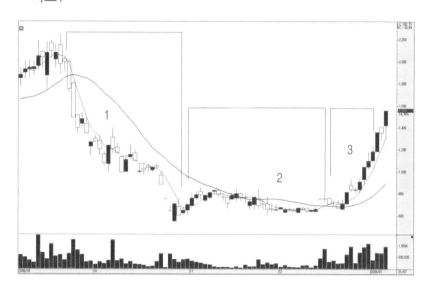

이 종목을 보면 주가가 급락합니다. 반토막 이상 하락을 하죠. 고점 2천원대에서 600원대까지 떨어졌으니까 대폭락이라고 부를만 합니다. 2,200만원을 투자했다면 600만원까지 떨어지는 엄청난 손실을 입었겠죠. 이 종목을 봐도 알 수 있듯이 어떤 종목이든지 손절가를 이탈하면 일단 매도하고 봐야 합니다.

'내가 팔고 나서 오르면 어떡하지' 하는 마음에 매도를 못하시는 분이 너무 많습니다. 내가 팔고 나서 오르면 어떡하나 걱정하지 말고, 일단 팔고 나서 다시 그 종목을 살펴보는 것이 훨씬 좋습니다. 앞으로는 자신이 매수한 종목이 손절가를 이탈하면 일단 팔고 나서 고민하시기 바랍니다.

이 종목은 1번 구간에서 주가가 급락합니다. 그리고 2번 구간에서 주가가 횡보하면서 바닥을 다지고 있습니다. 주가 급락 후 약 한 달 정도 주가가 더 이상 하락하지 않고 바닥을 다지는 기간을 가지고 있습니다. 이 정도의 횡보조정이라면 언제든지 전고점만큼은 아니라도 언제든지 반등시도가 나올 가능성이 있는 것이죠. 주가가 급락하고 바닥을 다지는 종목이 단지 반등가능성이 있다고 매수해서는 안 됩니다. 왜냐하면 언제 올라갈지 모르기 때문입니다. 횡보조정이 한 달이 될지 두 달이 될지 6개월이 될지 아무도 모르기 때문입니다. 미리 선취매했다가는 그 종목만 쳐다보는 소위 보초 서는 일이 생깁니다. 우리는 가만히 있다가 세력이 개입해서 캔들급소가 탄생하면 그때 매수하면 됩니다.

2번 구간의 조정을 거치고 3번 구간에서 시세를 줍니다. 이 종목은 매수할 수 있는 캔들급소를 세력이 만들어주었지요. 확대해서 자세히 살펴봅시다.

차트2

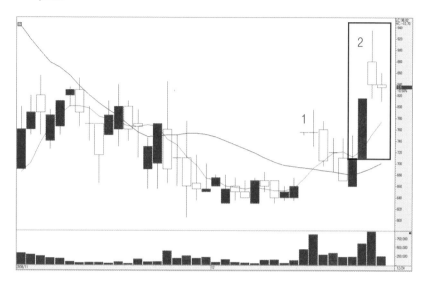

　확대해서 보니까 주가가 특정 가격에서 횡보하다가 갑자기 밑꼬리
가 아주 짧은 점상한가로 주가를 올려버리면서 1번 캔들을 만들고, 다
음날 십자형 캔들을 만들고 주가가 하락합니다. 이런 모습이라면 단기
세력이 개입해서 짧게 먹고 나간 걸로 판단할 수 있습니다. 그런데 다
시 20일선 살짝 깼다가 다시 강하게 상한가로 주가를 올리고 있는 모
습입니다.

　박스 안의 2번 구간은 강한 장대양봉 탄생 이후 연속적으로 음봉 2
개가 탄생하고 있습니다. 일단 음봉이 시가보다 주가가 밀린 모습이니
까 안 좋지만 세력이 주가를 올린 장대양봉의 최고 가격대를 종가상으

로 깨지 않고 있습니다. 상한가로 장대양봉을 만든 세력이 아직 남아 있고 시세를 여기서 끝내지 않겠다는 신호로 읽을 수 있습니다.

단기 세력이라면 이렇게 상한가로 말아버리고 바로 다음날부터 물량을 정리하기 때문에 장대양봉을 깨고 내려가야 합니다. 그런데 이 종목은 세력봉의 가장 높은 가격을 깨지 않고 형성하고 있습니다. 이 종목에 개입된 세력이 아직 물량을 보유하고 있다는 것입니다.

그리고 차트를 보세요. 차트가 만들어지고 있습니다. 20일선이 돌아서고 5일선이 상승하고 있습니다. 그러면 물량을 정리하지 않은 세력이 다시 한번 주가를 끌어올릴 가능성이 매우 높습니다. 내일이면 5일선을 지지해 다시 강한 강대양봉을 만들어낼 수 있는 것이죠. 그렇기 때문에 내일 무조건 시가부터 이 종목의 움직임을 살펴보아야 하는 것입니다. 캔들급소가 만들어졌으니까 공략해야죠.

차트3

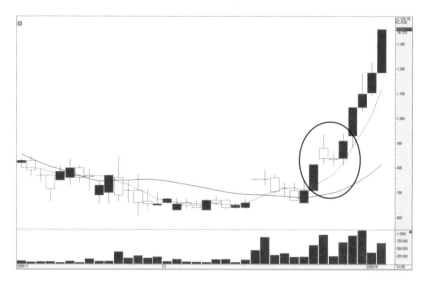

　다음날 시가가 전일 종가보다 약간 올라 시작했다가 장중에 밀리기
는 했지만 5일선을 깨지 않고 양봉을 만들어내고 있는 모습입니다. 우
리는 시가부터 이 종목을 노렸으니까 양봉 하나는 확보한 것입니다.

　그런데 이 양봉은 어떤 상태인가요? 상한가 이후 음봉 2개의 가격대
에 있는 물량을 소화시키고 있습니다. 음봉 2개에 물린 매물을 소화시
켜주는 양봉입니다. 5일선 지지해주면서 강한 상한가 이후의 음봉의
매물도 소화시켜줬다면 추가 상승을 기대할 수 있습니다. 그렇기 때문
에 이 종목은 양봉 하나 확보한 사람은 그냥 매수해서 홀딩해야 합니
다. 그리고 양봉 하나 챙기고 매도한 사람도 내일 다시 노리거나 양봉

하나 챙겼으니까 종가에 다시 매수에 가담해야 합니다. 뒤늦게 발견한 투자자도 매수로 접근해야죠.

그 다음날도 5일선 안 깨고 쭉쭉 올라가고 있습니다. 세력이 확실히 개입되어 주가를 올리고 있는 모습을 볼 수 있습니다. 900원대에서 매수해서 1,300원대까지 수익을 챙길 수 있었던 종목이었습니다. 보유하고 있다가 5일선이 이탈하면 매도하면 됩니다. 주가가 1,300원대에 도달해도 5일선이 이탈하지 않으니까 들고 가면 되는 것이죠.

전고점 돌파시점의 2조정 캔들

차트1

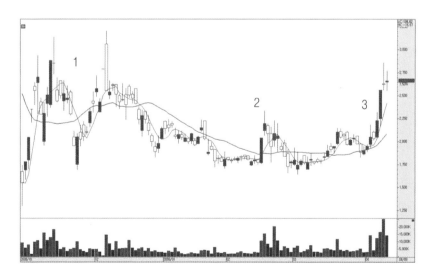

이 종목의 1번 구간을 살펴보면 주가가 상승파동이 쌍고점으로 시세를 마무리 합니다. 그 다음 주가는 2번 구간에서 하락하고 횡보하면서 4개월 정도 주가가 조정을 받습니다. 2번 구간에서 한차례 기습적인 상승이 있었지만 추세를 이어가지 못하고 다시 주가 바닥을 만들고 놓습니다. 그러다 3번 구간에서 거래량이 터지면서 주가가 상승을 시작합니다. 2번 구간의 잔파동보다는 훨씬 힘이 강한 파동이라는 것을 눈으로 확인할 수 있습니다. 3번 구간에서 상한가 이후 어제 오늘에 주가가 조정을 받습니다. 숨고르기를 하고 있는 것이죠.

주가는 1번 구간의 쌍고점까지 주가가 진출할 것인지 아니면 여기서 멈출 것인지를 결정하는 급소구간이 됩니다. 주가가 쌍고점까지 진출을 시도한다면 우리는 따라 붙어서 수익을 올릴 수 있는 것이고, 상승을 멈춘다면 따라 들어가지 말아야 하는 것이죠. 바로 급소구간에서 선택할 시간이 온 것입니다.

차트를 확대해서 자세히 살펴볼까요.

차트2

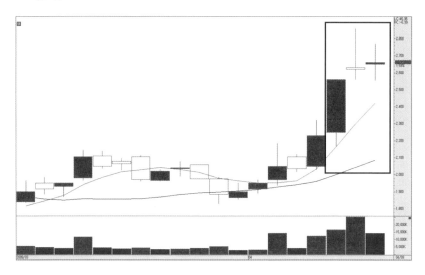

　　주가가 눌림목 조정을 받고 점진적으로 상승하고 있는 모습을 확인할 수 있습니다. 거래량도 덩달아 늘어나고 있습니다. 뭔가 일을 낼만한 모습입니다. 바닥에 있는 종목이 점진적으로 상승을 하는데 거래량까지 증가하고 있다면 추가 상승할 가능성이 높아집니다. 이 종목이 바로 그런 모습을 하고 있습니다.

　　그런데 상한가가 나옵니다. 역시 주가 상승 가능성이 높은 패턴이라는 것이 사실로 확인되고 있습니다. 그런데 이 상한가는 놓쳤다고 해봅시다. 아깝다고 생각하고 있는데 다음날 주가가 오르는가 싶더니 이내 밀려 윗꼬리가 긴 조정캔들이 나옵니다. 차트 급소가 나와 공략대상 종목이 되는 것이죠. 그래서 다음날 주가가 움직이면 공략하려 하

156

고 있는데 주가가 조금 오르다가 매수세가 약하다 보니 길게 장대양봉을 만들지 못하고 다시 주가가 제자리로 돌아오는 단봉이 됩니다. 그럼 오늘 오르지 않았기 때문에 포기해야 될까요?

몸통이 짧은 단봉이 됐지만 그래도 어제 시가보다는 상승한 캔들입니다. 연속해서 조정캔들이 나왔습니다. 차트를 보면 조정캔들이 2개가 나왔을 뿐 세력이 개입한 상한가는 그대로입니다. 세력이 개입한 캔들은 전혀 훼손되지 않고 있습니다. 상한가를 만든 세력이 그대로 있다는 것이죠.

세력이 하루 더 쉬어가면서 물량을 받으려고 하는 것일 수도 있구요. 아니면 어제 조정캔들이 윗꼬리가 길면서도 거래량이 크게 늘어난 상태였습니다. 세력이 어제 주가를 올리려고 시도를 했지만 강력한 매도세의 등장으로 주가를 올리지 못하고 멈칫거리는 것으로 볼 수 있습니다.

주가를 올리려고 하는데 매도세가 강하단 말이죠. 자금은 계속 투입되고 있는데 잘못하면 손해볼 수 있는 상황이 됩니다. 세력이 주가를 올리길 포기하는 것이죠. 하지만 이 종목을 털고 나가겠다는 의사는 없습니다. 만약 세력이 강한 매도세의 의해서 물량을 정리하고 나가겠다고 결정했다면 오늘 조정캔들이 아니라 상한가를 훼손하는 모습이 나올 가능성이 높았습니다.

그런데 주가는 상한가의 고점을 깨지 않았단 말이죠. 그리고 세력은 그 다음날 주가를 올리지 않고 쏟아지는 물량만 받습니다. 주가를 조금씩 움직이면서 향후 자신들이 주가를 올릴 때 나올 물량을 지금 내뱉게 만듭니다. 자신들이 주가를 올리는 시도는 하지 않고 나오는 물량만 받으니까 거래량이 줄어듭니다. 또 주가 변동폭이 크지 않습니다.

이틀 연속 조정캔들이 나오게 되는 것이죠. 그러면서 상한가의 고점을 훼손하지 않습니다. 이제는 언제 올라갈지 모르는 상태입니다. 이런 패턴이 나오면 우리는 다시 공략준비를 해야죠.

차트3

시가부터 따라 붙어도 되고 조정캔들의 고점을 돌파할 때 따라 들어가도 됩니다. 어차피 크게 먹으려고 한 종목은 아니니까요.

조정 이후 상한가가 나왔으니까 급한 투자자는 매도해도 되지만 팔

이유가 없죠. 그 다음날까지 들고 가면서 수익을 챙기면 됩니다.

1조정 캔들이냐, 2조정 캔들이냐는 우리가 알 수가 없습니다. 주가를 움직이는 세력만이 알겠죠. 세력들도 자신들의 계획대로 되지 않기에 1조정 캔들로 주가를 올리려고 했다고도 상황의 변화에 따라 2조정 캔들로 갈수도 있습니다. 물론 세력이 주가를 올리지 않고 포기할수도 있습니다. 그러나 중요한 것은 급소가 나온 종목은 포기하지 않고 우리가 계속 노려야 한다는 것이죠.

캔들매매자들이 자신들의 예측대로 주가가 움직이지 않는다고 포기한다면 그것은 캔들매매자뿐만 아니라 주식투자 자체를 포기해야 됩니다. 주가가 어디로 움직일지 우리는 알 수가 없기 때문입니다. 주가가 어디로 움직일지 모른다는 말에 실망하시는 분은 빨리 주식투자를 그만두셔야 됩니다.

주가가 어디로 움직일 것이라는 것은 세력 자신도 모르는 경우가 많습니다. 왜냐하면 주가를 자신들의 의도대로 꼭 움직일 수는 없기 때문입니다. 그러니 세력도 실패를 하고 모르는 주가의 움직임을 우리가 어떻게 알 수 있겠습니까.

하지만 우리는 주식투자를 하고 있습니다. 그중에서도 캔들매매를 하고 있어요. 최대한 선도세력의 의도를 읽고 대응을 하는 것이죠. 주식은 예측의 영역이 아니고 대응의 영역이라고 하지 않습니까. 상황에 맞춰 최선을 다하는 것뿐입니다.

다만 경험에 의해서 확률 높은 예측을 하는 것이죠. 1캔들 조정 이후 주가가 오를 것으로 예상했지만 오르지 않았다고 포기하는 것이 아니라 급소가 아직 사라지지 않았다는 것을 확인하고 다시 공략준비를 하는 겁니다. 급소가 무너지지 않은 것을 확인하고 하루 더 기다렸다가 공략하니 수익이 나오게 됩니다.

주식판에서 남의 돈 먹기가 절대로 쉬운 것이 아니라는 것을 다시 한번 명심하시기 바랍니다.

재반등 시점의 2캔들 공략법

차트1

이 종목의 1번 구간은 하락구간이죠. 여기서는 매매해서는 안됩니다. 주가가 반토막이 나는 구간입니다. 그러다 2번 구간에서 1차 반등 시도합니다. 그러나 대세적인 하락추세를 막지 못하고 다시 주가가 흘려 내립니다. 결국 9천원대의 주가가 2천원대까지 내려갔다가 반등시도를 하고 다시 흘러내렸다가 쌍바닥을 확인하고 상승하고 있는 모습입니다. 주가가 3분의 1 토막이 났으니 이 종목을 보유하고 있던 투자자라면 소주병으로 집을 지어도 될 정도로 마음고생을 하셨을 겁니다.

"아무리 초보 투자자라도 그 정도 될 때까지 들고 있는 사람이 있겠습니까."

그런데 놀랍게도 그런 투자자들이 있습니다. 꼭 주식에 처음 입문한 초보 투자자만 이런 실수를 저지르지는 않습니다. 주식판에서 조금 놀았다고 하는 투자자도 실수하기도 합니다. 그러기에 주식투자를 하는 동안은 조금이라도 마음을 느슨하게 해서는 안 됩니다.

이런 종목이라면 빨리 손절매해야 한다는 것은 기초 중의 기초이지만 눈앞에 시세에 몰입되어 매매원칙을 잊어버리는 경우가 많이 있습니다. 이런 어처구니없는 실수를 피하기 위해서는 매매원칙을 항상 잊지 말고 되새겨야 합니다.

2번 구간에서 쌍바닥을 확인하고 주가가 상승을 하죠. 3번 구간에서 그동안의 하락을 만회하듯이 주가가 상승을 하는데 급격한 상승은 아니고 완만한 상승을 보여주고 있습니다.

이 종목을 보유하고 있는 투자자라면 주가가 천천히 올라가고 있으니 마음이 급하겠죠. 사실 이런 종목을 보유하고 있었다면 올라가는 것만도 감사히 생각해야 합니다.

그러다 상승하던 주가가 다시 무너지기 시작하더니 20일선도 깨고 내려갑니다. 이 종목은 '이제 끝났다'라는 생각이 들 때 갑자기 20일선을 강한 장대양봉으로 돌파합니다. 그리고 오늘과 같은 모습이 탄생하게 됩니다.

최근의 모습을 확대해서 보겠습니다.

차트2

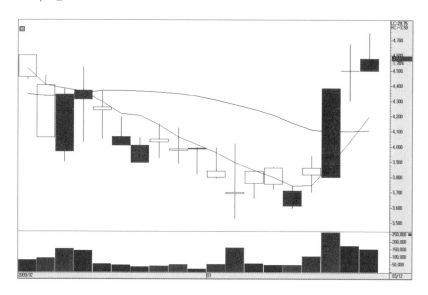

주가가 20일선을 하향 이탈하다가 바닥을 다지고 있습니다. 이후 상한가가 나오면서 20일선을 강력하게 뚫고 있습니다. 그 다음날 주가가 상승하는가 싶더니 갭상승하여 출발했다가 십자도지가 만들어집니다. 20일선을 상한가로 뚫고 그 다음날 십자도지가 탄생했으니 공략대상 종목이죠. 다음날 주가가 보합에서 시작하더니 상승을 시작합니다. 4,500원에서 시작하여 고가가 5% 이상 상승한 4,750원까지 올랐으니까 중간에 충분히 공략 가능한 종목이었습니다.

시가부터 공략했다면 장중에 수익을 얻을 수 있었겠지만, 상승하는 것을 보고 따라 들어갔다면 수익을 얻지 못하고 손절했을 가능성도 있는 캔들이 나왔습니다. 어쩌면 본인이 매수한 물량이 윗꼬리의 매물이 되어 있을 수도 있습니다. 그러나 우리가 공부한 것처럼 차트 전체를 봤을 때는 아직 차트가 살아있죠. 무너지지 않았습니다. 오히려 추가 상승을 위한 매물소화를 하고 있는 것으로 보입니다.

주가가 2일 조정을 받는데 거래량이 줄어들었습니다. 20일선을 상한가로 뚫을 때는 거래량이 늘어나고 단봉의 조정을 받을 때는 거래량이 줄어들고 있습니다.

전형적인 물량소화의 모습입니다. 특히 상한가 이후 2일 조정의 캔들이 상한가의 고점을 깨지 않고 지지하고 있고 오늘 윗꼬리 달린 캔들이 양봉이라는 겁니다. 앞에서 캔들의 윗꼬리의 대해서 공부했으니 그 의미를 잘 아실 겁니다.

차트가 살아있으니 아직 공략대상 종목에서 벗어나지 않았습니다. 다시 공략준비를 수익을 얻지 못했다고, 손절을 했다고 포기하는 것이 아니라 다시 공략준비를 해야죠.

차트3

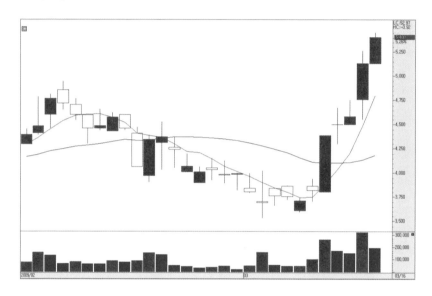

상한가 이후 2일 조정을 받고 2일 연속 상승을 합니다. 투자자에 따라 양봉 하나만 먹었을 수도 있고 2개 다 먹었을 수도 있었겠죠. 정확히 수익을 어느 정도 올리느냐를 설명하기는 매우 어렵습니다. 실전에서 개개인의 능력과 판단에 따라 달라지는 겁니다. 그것은 여러분의 몫입니다.

이것까지 알려주기가 매우 어려운 이유는 실시간으로 HTS로 거래가 되므로 순간의 판단은 누구나 다를 수 있기 때문입니다. 제대로 설명해 주기도 어렵지만, 같이 HTS를 보고 매매를 하는 실전이라고 하더라도 최대 수익을 낼 수 있는 정확한 매도 타이밍은 알기 어렵습니다. 물론 차트에서 매도 타이밍을 잡을 수 있습니다. 그러나 장대양봉 2개 중 최고점을 잡는 것은 어려운 일이라는 것이죠. 지금의 이 차트 상황만 봐서는 어렵다는 겁니다.

중요한 것은 캔들 급소를 노렸다면 누구나 얼마가 됐든지 수익이 가능했다는 것입니다. 이게 왜 중요하냐면 이런 종목은 또 나오니까 그 종목에 가서 또 수익을 올릴 수 있다는 것이죠. 계속 이런 종목은 나오고 그런 종목에서 수익을 올릴 수 있는 방법을 알고 있으니 계속 돈을 버는 투자가 가능하다는 것이죠. 이것이 주식투자의 핵심이자 가장 중요한 일이 아니겠습니까.

차트4

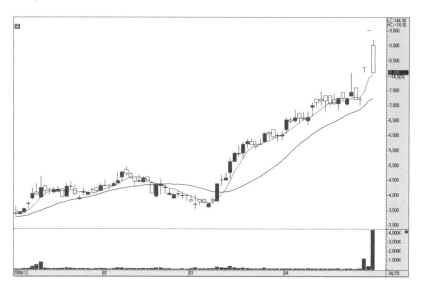

사실 이 종목은 나중에 이렇게 움직였습니다. 굉장한 시세를 내준 종목이죠. 우리가 매수한 구간이 상승 초입이었습니다. 다른 전문가들이 쓴 책을 보면 우리가 매수한 급소에 체크를 하고 "여기가 매수급소다"라고 합니다. 그러니 그 당시는 모르는 것이죠.

세력이 작전을 하고 있어 주가를 얼마까지 올린다는 것을 우리가 알고 있었나요? 또 알 수기 있나요?

캔들 급소 이후 우리가 수익을 올리고 다음에 5일선 매매를 하면 되거든요. 그런데 이 책은 캔들급소를 찾아 매매하는 방법을 알려주기 때문에 급소를 찾아 수익을 얻은 다음 그 다음의 주가 흐름에 대한 매매법은 다루지 않고 있습니다. 그러니까 캔들급소 이후 수익을 올리는 것까지만 생각하는 겁니다. 그 이후를 다루는 매매법은 다음 기회에 같이 배워보도록 하고 여기서는 캔들급소만 공부하기로 합니다.

이것만 제대로 배우고 익혀도 주식시장에서 밥 먹고 아무 문제가 없습니다. 오히려 너무 많이 알고 거기에 따라 너무 많은 욕심이 생기기 때문에 수익을 올리지 못하는 겁니다.

물방울이 바위를 뚫듯이 돈을 벌 수 있는 매매법을 하나라도 집중적으로 연마하는 것이 주식시장에서 살아남는 길이자 돈을 버는 길입니다. 지나가는 말이 아니라 정말로 중요한 노하우이자 마음가짐이니까 명심하시기 바랍니다.

세력 조정 3캔들 공략법

　이번에는 세력주가 3지지캔들로 조정을 받는 종목에 대해서 연구해 보도록 하겠습니다.

　2캔들은 세력이 이틀 조정을 주고 주가를 올리는 경우입니다. 3캔들 은 세력이 3일의 주가 조정을 주고 주가를 올리는 경우를 말합니다.

　세력이 주가 조정을 하는 방법은 여러가지가 있겠으나 여기서는 연 속 단봉형에 대해서 알아보도록 하겠습니다.

기본형

세력캔들이 만들어지는 것은 같습니다. 그리고 하루 조정 받고 주가를 올리나 싶은데 그 다음날도 쉬어갑니다. 2캔들이 되는 것이죠. 차트 급소가 아직 살아있죠. 다시 공략에 나섭니다. 그런데 하루 더 쉬어갑니다. 이쯤 되면 이 종목은 안 올라가나 지치게 됩니다. 그런데 차트를 보면 조정이 길어진 것이고 하루 조정의 연장일 뿐이지 탄생된 차트급소는 그대로입니다.

포기할 필요가 없죠. 마음 급한 데이트레이더들이나 포기하는 것이지 캔들매매자는 사냥꾼처럼 아직 사냥을 포기할 필요가 없습니다. 눈앞에서 어슬렁거리던 멧돼지가 아직 사정거리에서 벗어난 것이 아니기 때문입니다.

캔들매매자 급소가 무너지기 전까지는 계속 물고 늘어지는 것이 기본자세입니다.

"나는 하루도 못 기다리겠다구요."

"겨우 몇 퍼센트 먹으려고 며칠을 기다리라는 건가요?"

누가 뭐라고 했나요. 괜히 투덜거리지 말고 강원랜드 가서 당기세요. 1주일이면 거덜납니다. 1%, 2% 고마운 줄 모르는 분은 강원랜드를 가셔야죠. 여기 계시면 안 됩니다.

완만한 1차 상승 후 3음봉캔들 공략법

차트1

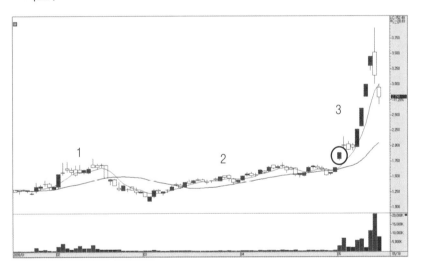

이 종목은 1번 구간에서 약간의 완만한 상승의 시세를 주고 주가가 하락합니다. 그리고 2번 구간에서는 하락한 주가가 2개월에 걸쳐 완만

히 상승합니다. 2번 구간은 1,100원대에서 1,700원대까지 상승하는데 거래량도 거의 없고 매일 조금씩 상승하는 완만한 상승구간이었기 때문에 캔들급소를 찾기는 불가능합니다. 사실 단기매매로 접근하기는 어려운 구간이라고 할 수 있습니다. 그리고 3번 구간에서 시세를 줍니다. 이럴 경우 차트해석을 하는 투자자들은 2번 구간을 두고 세력의 매집기간이라고 부릅니다.

원으로 표시한 캔들이 바로 상한가입니다. 보통의 다른 차트해석자들이 쓴 차트책이나 강의를 들어보면 2번 구간의 세력매집구간을 돌파하는 시점에 나오는 강한 캔들에서 매수하고 써진 것을 다른 차트책을 봤다면 알 것입니다.

3번 구간에서 상승하기 전까지는 2번 구간이 세력의 매집구간이라는 것을 알기에는 너무 어렵습니다. 거래량의 변동도 거의 없고 주가도 완만한 상승하니까요.

지나고 나서 주가가 오르니까 그 구간이 세력이 매집한 걸 알았지 안 올랐으면 어떻게 세력이 매집한 것을 알겠습니까.

2번 구간은 세력이 3번 구간의 상승이 있었기에 세력이 매집했다고 보는 것이지 2번 구간만 놓고 본다면 세력이 매집한지 아닌지 알 수가 없습니다. 그러니 차트가 만들어지고 2번 구간에 세력이 매집했다고 하는 차트해석자들은 누구나 할 수 있는 소리가 되는 것이죠. 지나고 나서 말하는 것이니까요. 그러니 차트해석자들이 욕을 먹는 것입니다. 당연히 세력이 아니고서야 2번 구간에서 세력이 매집한지 아닌지는 알 수가 없는 것입니다.

그러니까 2번 구간에서 튀어오르는 상한가캔들에서 공략하는 것은 웃긴 얘기이죠. 순 엉터리라는 겁니다. 차트가 만들어지고 나서 지난 주가 흐름을 가지고 이러니저러니 하는 것은 누구나 할 수 있다는 것이죠. 물론 저도 자주 그럽니다. 그때는 알 수 없고 지나고 나서 보니 그런 걸 어떡하겠습니까.

그래서 수많은 차트책과 강의가 지난 차트를 해석하는 능력은 길러주되 실전에서 돈을 벌 수 있는 능력은 길러주지 못하고 있습니다. 물론 책 한 권 읽는 것, 강의 몇 번 듣는 것만으로 주식시장에서 돈을 벌기란 쉽지 않겠지요. 몇 번은 운이 좋아 먹을 수 있을지 모르지만 계속하면 다 잃게 되어 있는 곳이 주식시장입니다. 이걸 깨닫지 못하면 무조건 쪽박입니다. 이 책에서 이것 하나만 깨달아도 여러분은 돈을 버는 겁니다. 안 되면 '나는 안 되겠다' 하고 빨리 포기하는 것도 돈을 지키는 투자의 한 방법입니다.

특히 차트를 보고 하는 단기매매는 쉬운 것 같지만 오히려 장기투자보다 리스크도 크고 위험합니다. 단기투자는 어차피 큰 돈 가진 사람은 하고 싶어도 할 수가 없습니다. 그러니 가치투자, 장기투자를 외치게 되어 있습니다.

그러나 투자금액이 적은 사람이나 빠르게 돈을 벌고 싶은 사람에게 장기투자, 가치투자는 큰 의미가 없습니다. 물론 여유자금으로만 투자를 하겠다는 사람은 장기투자, 가치투자를 해야 합니다.

내가 어떤 매매방법을 할 것인지는 여러분이 가진 돈과 처한 현실에서 선택을 해야 합니다.

그러면 장기투자나 가치투자를 하겠다고 하시는 분은 이 책을 덮으시면 되고, 단기투자를 하겠다고 하는 분은 단기투자가 절대로 쉬운 일이 아니라는 것을 알고 하시기 바랍니다. 여러분이 차트를 몰라 단기투자가 안 되는 것이 아닙니다. 무슨 특별한 비법을 몰라 단기투자에서 돈을 못 버는 것은 아니라는 것입니다.

2번 구간에서 매집한 세력이 어느 날 갑자기 올리는 장대양봉은 실전에서 잡기 힘듭니다. 실전전문가나 그 책을 쓴 사람도 노리고 있었다고 하더라도 잡지 못했을 것입니다. 그만큼 매수하기엔 어려운 곳이라는 것이죠. 만약 이 종목이 그냥 상승을 했다면 우리는 상한가 따라잡기를 하지 않는 이상 매매를 포기할 수밖에 없는 것이죠. 그런데 무슨 증권포털 사이트를 보면 세력이 음밀히 매집한 종목 이런 소리 많은데 엉터리가 많습니다. 그냥 광고문구라고 보시면 됩니다.

그러면 2번 구간까지는 세력이 매집한지는 몰랐단 말이죠. 그런데 체크한 캔들에서 상한가가 나왔습니다. 2번 구간에 세력의 매집한 구간인지 아직은 모르지만 세력이 개입한 걸 이제 확인할 수 있습니다.

세력이 상한가를 만든 것이죠. 이제 안 겁니다. 여기서 그냥 세력이 주가를 올려버리면 이 종목이 '세력이 개입한 종목이었구나' 하면서 이 종목을 쳐다만 보면 됩니다.

그런데 상한가 이후에 주가가 상한가 위에서 음봉의 단봉캔들이 나옵니다. 여기서부터 우리가 공략할 수 있는 급소가 나오는 것이죠. 세력이 하루 쉬어가는 것인가 생각하고 내일부터 공략준비를 하는 겁니다. 그런데 하루 더 쉬어가고 또 하루 더 쉬어갑니다. 공략하려고 준비를 하고 있는 데 주가가 안 오르고 이런 모습을 하고 있습니다.

차트2

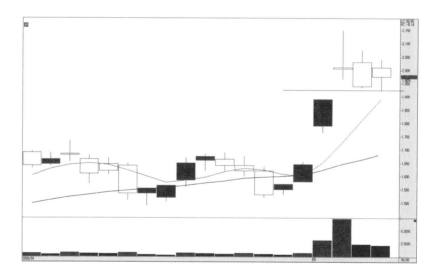

3음봉이 연속적으로 나오고 있죠. 사실 첫 번째 음봉을 보면 대량 거래량과 함께 윗꼬리가 길게 달린 모습입니다. 어제 상한가를 올린 세력이 첫 번째 음봉에서 물량을 털고 나간 것일수도 있습니다. 단기 세력이 들어온 경우 충분히 가능한 일이죠. 그러니 상한가 다음 첫 번째 음봉만 봐서는 하루 쉬고 주가를 다시 들어올릴 것을 알기는 무척 어렵습니다. 차트로 해석하기는 무척 어려운 모습이죠. 그런데 연속적으로 음봉이 탄생합니다. 비록 음봉이지만 단봉으로 상한가를 깨지 않고 있습니다. 상한가를 만든 세력이 아직 이탈하지 않고 주가관리를 하고 있다는 것을 알 수 있죠. 거래량도 확연히 줄어들어 있습니다. 세력이 쉬면서 고점에서 나오는 개인들의 물량을 소화하고 있는 모습으로 해석하는 겁니다.

그러니까 이 종목이 아직 끝난 게 아닙니다. 세력이 아직 이탈하지 않고 주가를 관리하는 것이니 한 번 크게 올려줄 가능성이 매우 높은 종목이라고 할 수 있습니다. 적극적으로 공략 준비를 해야 하는 종목인 것이죠. '다시 올려만 줘봐라, 무조건 들어가고 본다'는 마음으로 매매준비를 하고 있어야 합니다.

차트3

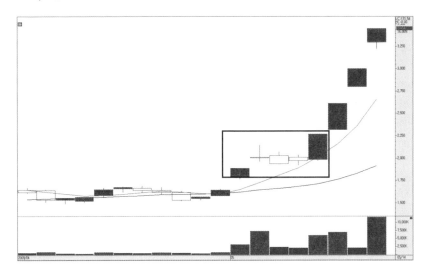

올려주면 따라 들어가는 겁니다. 만약에 안 올려주고 5일선을 이탈하고 주가가 하락하면 접근하지 말아야죠. 그런데 5일선 지지해주면 주가를 올리면 따라 들어가서 수익을 챙기는 겁니다.

그러니까 2번 구간에서 갑자기 튀어나오는 첫 번째 나오는 상한가를 공략하는 것이 아니라, 세력이 쉬어가는 급소가 나오고 세력이 다시 들어 올려줄 때 공략하여 빨리 짧게 먹고 나오는 것입니다. 이게 바로 캔들매매의 핵심이 되는 것이죠. 세력이 주가를 계속 올려주면 따라 들어가 스윙 개념으로 접근하여 큰 수익을 올릴 수 있는 것이고, 세력이 털고 나가면 짧은 수익이라고 챙기고 나오는 것입니다.

물론 세력이 어디까지 올려줄 것인지는 세력 외에는 모르죠. 그래서 실전에서 세력이 털고 나가는구나 판단하고 물량을 정리하면, 다시 주가를 크게 끌어올리는 경우도 종종 있습니다. 물론 제대로 끊고 나오는 경우도 있지만 5% 먹고 나왔는데 100% 올라가는 경우도 있습니다. 또 더 올라갈 줄 알았는데 하락하여 수익 올린 것 다 토해내고 나오는 경우도 있습니다. 캔들 급소 노려서 백발백중으로 먹고 나오는 것은 아닙니다. 이게 바로 실전입니다. 그렇기 때문에 자신의 판단이 틀렸다고 하더라도 인정으로 하고 빨리 잊어버려야 합니다.

어떤 투자자들은 100% 먹을 것을 5% 먹었다고 두고두고 후회하시는 분도 계십니다. 이게 초보자의 전형입니다.

단기투자는 말 그대로 단기이기 때문에 매매하고 나오면 빨리 다른 종목을 찾아야 합니다. 장기투자가 아니라는 것이죠. 계속 종목이 나오는데 한 종목 가지고 마음에 두고 있어서는 안 된다는 것입니다. 이게 단기투자를 하면서도 컨트롤 못하는 것이거든요. 이것은 실전에서 경험을 통해 극복을 해야 합니다.

차트4

3음봉

5분봉 차트입니다. 아침 시가부터 주가를 올려주고 있습니다. 따라 들어가야죠. 매수급소를 잡을 때 분봉을 켜놓거나 하면서 시가부터 매수에 들어가거나 또 쉬어갈 수도 있으니까 3음봉의 고점을 돌파하는 시점에 들어가는 것이 가장 이상적인 매수급소가 될 것입니다.

눌림목 지지 후 3음봉캔들 공략법

차트1

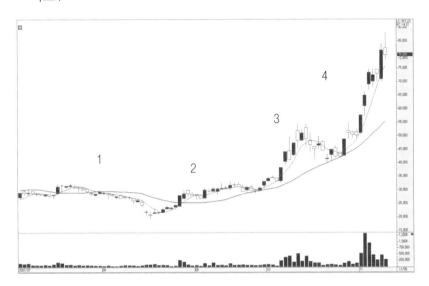

이 종목을 보면 1번 구간에서 2개월 정도 주가가 하락 조정을 받는 모습을 보여주고 있습니다. 이 조정기간에 주가가 20일선을 이탈하고 하락하고 있습니다. 그리고 하락을 마무리하고 주가는 20일선을 돌파해서 2번 구간에서는 주가가 20일선 위에서 지지되고 있는 모습입니다.

이 기간 동안 주가는 2만원을 이탈했다가 다시 3만원대를 회복했고 1차 상승파동을 보여주고 있습니다. 그리고 3번 구간에서 주가는 2차 상승파동을 보여주면서 본격적인 주가 시세를 보여주고 있습니다. 그리고 조정 후에 다시 4번 구간에서 3차 상승파동을 그려내고 있습니다.

3차에 걸친 상승파동 기간 동안 주가는 2만원대에서 8만원대까지 올라간 모습입니다. 2천만원을 매수했으면 8천만원이 됐겠죠. 이 종목에서는 2차 상승파동 이후 조정구간 공략법에 대해서 알아보도록 하겠습니다.

차트2

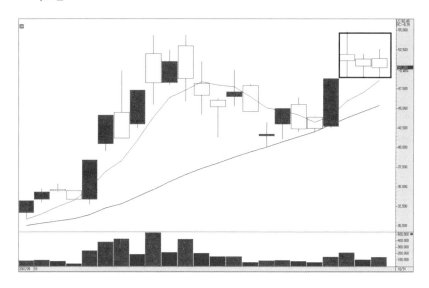

이 차트는 3차 상승파동 직전의 모습을 확대한 것입니다. 2차 상승파동이 5만원대를 돌파하고 더 이상 올라가지 못하고 밀리고 있습니다. 20일선이 위치한 4만원대 초반까지 주가가 조정을 받고 있습니다. 2차 상승파동까지 나온 종목은 세력이 아직 이탈하지 않았다면 3차 상승파동이 나올 가능성도 있기 때문에 계속 관심있게 볼 필요가 있습니다.

그런데 주가가 20일선에 더 이상 밀리지 않고 4일 동안 20일선을 이탈하지 않고 연속 지지캔들이 탄생하고 있습니다. 이런 패턴은 20일선을 지지해 다시 상승파동이 나올 가능성이 상당히 높습니다. 그냥 20일선을 이탈하고 주가가 밀려내려갈 수도 있지만, 한 번 끼를 보여준 종목이기 때문에 20일선을 연속으로 지지해준다는 것은 다시 한번 끼를 보여줄 가능성이 높습니다. 적어도 강한 장대양봉으로 2차 상승파동의 고점가격대인 5만원까지 올라갈 가능성도 높습니다.

역시나 20일선에서 4일 연속 지지캔들 이후 강한 상한가가 나오고 있습니다. 상한가가 나왔으니까 차트매매하는 투자자는 적어도 이 상한가는 공략할 수 있었겠죠. 상한가 공략이 끝난 다음에는 이 다음날 상승하여 전고점 부근에서 주가가 끝날 것인지 3차 상승파동이 나올 것인지는 내일 캔들을 보고 결정해야겠지요.

다음날 주가가 갭상승 출발하여 전고점을 약간 돌파한 다음 종가에는 주가가 밀려서 끝나고 있습니다. 십자형 도지음봉캔들이 나왔습니다. 이런 전고점을 강하게 돌파하지 못한 음봉캔들이라면 이제는 3차 상승파동보다는 쌍고점으로 주가가 밀릴 가능성을 염두해두고 접근해서는 안 됩니다. 내일 장중에 오르는 척하다가 밀릴 가능성이 높아진 것입니다.

그런데 다음날 보니까 음봉도지가 나왔습니다. 그런데 주가가 크게 밀린 것이 아니라 옆으로 횡보하고 있다는 점에 주목할 필요가 있습니다. 상한가인 세력봉 이후 연속해서 음봉도지가 2개 탄생했다는 것은 전고점을 돌파해줄 가능성이 높아진 것입니다. 어제의 음봉 하나는 매수세의 부족함으로 주가가 쌍고점을 찍고 밀릴 가능성을 염두에 두고 접근해야 했지만 오늘 나온 음봉도지는 아직 이 종목의 시세를 주었던 세력이 다시 한번 상승파동을 만들어낼 것이라는 것을 암시해두는 것이죠.

2음봉도지에서 중요한 것은 상한가 고점을 안 깼다는 것입니다. 세력봉의 고점을 침범하지 않는 도지 2개는 세력의 미이탈을 암시하는 중요한 단서가 됩니다. 내일 전고점을 뚫는 장대양봉을 기대할 수 있게 된 것이죠. 내일 공략대상이 되는 종목입니다. 그런데 다음날도 보니까 주가는 안 올라가고 다시 음봉도지가 탄생합니다. 그런데 또 세력봉 고점을 침범하지 않았습니다. 연속으로 상한가 이후 연속으로 상한가 위에서 음봉도지 3개가 탄생했습니다. 그러면 내일은 진짜 이 종목이 움직일 가능성이 더욱 높아진 것입니다. 왜 그렇죠. 3일 연속 음봉조정을 주면서 5일선을 따라 올라오는 것을 기다리고 있습니다. 내일이면 주가가 5일선에 근접하게 되겠죠.

차트가 만들어지기를 세력이 기다리는 것이죠. 내일은 정말 한번 노려볼 만한 종목이 되는 것이죠. 내일 치고 올라가면 바로 붙어야 하는 종목이 되었습니다. 전고점을 뚫고 올라갈 확률이 더욱 높아진 것이죠. 그리고 이렇게 전고점 위치에서 조정을 제대로 준 종목은 올라가면 장대양봉 하나가 아니라 파동이 나올 가능성이 높습니다. 세력이 이 위치에서 주가를 끌어올리면 장대양봉 하나 정도로 끝날 것은 아니라는 것이죠.

전체적인 차트를 보세요. 완만한 1차 상승파동 그리고 상승폭이 상당히 큰 2차 상승파동 이후 20일선 눌림목 조정, 상한가 그리고 상한가를 미이탈한 3음봉도지조정 다음 상승파동을 기대해볼 만한 종목이 된 것이죠. 차트매매자는 이런 종목을 놓쳐서는 안 됩니다. 이런 종목이 발굴된다면 공략종목에 넣어두고 매매준비를 해야 합니다. 이런 종목은 찾기도 못하고 엉뚱한 종목을 차트매매하겠다고 달라붙어 있으니 백날 해봐야 차트매매로 돈을 못 버는 것이죠. 그래서 하는 말이 "차트는 후행성이다, 역시 차트는 안 된다, 가치투자다"라고들 합니다. 차트도 해석을 못하는데 더 어려운 가치투자가 될까요?

차트는 이 정도만 분석하고 공략할 줄만 알아도 차트매매로 성공할 수 있습니다. 다음은 어떻게 됐는지 보겠습니다.

차트3

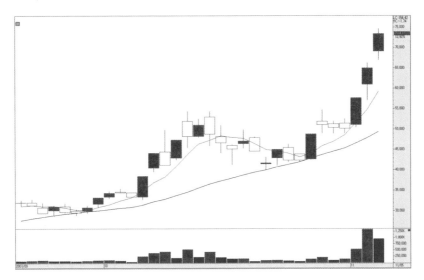

　　다음날 강하게 다시 상한가로 주가를 끌어올리고 있는 모습입니다. 전고점의 매물을 제대로 소화하고 고점을 뚫은 상한가는 그 다음날도 거침없이 오르면서 3차 상승파동을 만들어내고 있습니다. 시가부터 적극직으로 공략을 해야죠. 거래량이 급증하면서 강한 매수세가 붙어 주면 올라간다고 생각하고 매매에 동참해야 합니다. 이 정도의 차트를 만들고 세력이 주가를 끌어올려 주는데, 이걸 놓쳐서는 차트매매로 돈을 벌 수 없습니다. 그리고 강한 종목이니까 중간에 매도할 필요 없겠죠. 적어도 30% 이상의 수익은 누구나 올렸을 것입니다.

　　그러나 3차 상승파동이고 거래량이 급증하고 있기 때문에 꺾이면 매

도한다는 스윙 개념으로 접근해야지, 장기투자는 절대 안 되겠죠. 차트
매매에는 장기투자의 개념이 없습니다. 이 점 분명히 하세요. 차트매매
로 돈 벌었다고 끝까지 가보자 하는 장기투자는 절대로 안 됩니다.

장대양봉 이후 3캔들 공략법

차트1

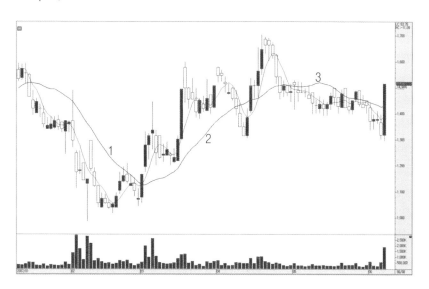

이 종목은 1번 구간에서 1,600원대의 주가가 1,000원대까지 하락했
다가 2번 구간에서 1,700원대까지 상승을 하면서 1번 구간의 하락폭

보다 많이 주가가 상승합니다. 그러다가 다시 3번 구간에서 주가가 서서히 밀리기 시작하다가 20일선을 깨고 내려갔다가 오늘 상한가가 나오면서 다시 20일선을 돌파한 모습입니다. 3번 하락구간에 세력의 미개입을 넘어 오늘 대량거래가 터지면서 세력의 강한 개입을 확인할 수 있습니다. 오늘 상한가가 출현했으니 내일은 그냥 1,700원대의 전고점을 향해 주가가 날아갈 수도 있고 단타세력이 들어왔다면 내일 갭상승했다가 조정을 받을 수도 있습니다. 어쨌거나 내일은 우리가 적극적인 매매구간이 아닌 것입니다.

갑자기 상한가가 나온 종목은 다음날 매매하기보다 흐름을 지켜보는 것이 좋습니다. 그러다가 차트급소가 탄생이 되면 매매를 하는 것이죠. 이렇게 아무 신호도 없이 20일선을 뚫는 상한가는 잡을 수도 없었겠지만 이렇게 탄생한 상한가 다음날은 주가의 흐름을 지켜만 보는 것이 좋습니다.

그러면 내일은 어떠한 주가 흐름이 되었는지 살펴볼까요. 상한가 다음날 주가를 확대한 차트입니다. 20일선을 뚫은 상한가 다음날 주가가 갭상승 출발합니다. 따라잡기 힘들죠. 3번 구간에서 1개월 이상 서서히 흘러내렸던 종목이 20일선을 뚫은 상한가가 나왔다고 갑자기 급등하기란 매우 힘든 일이기 때문에 상한가 다음날 시세를 마무리 할 가능성이 높습니다. 우리는 시세를 마무리하고 세력이 차트급소를 만들어내는가를 확인하면 됩니다.

표2

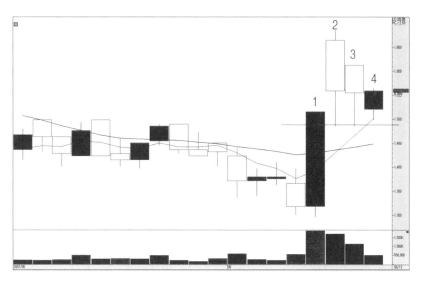

그런데 이 갭상승 출발 후 오르는 척하더니 이내 장중에 시가를 지키지 못하고 하락하다가 상한가 윗부분도 훼손했다가 매수세가 유입되면서 밑꼬리가 달린 나름대로 몸통이 있는 음봉으로 장을 마감했습니다. 거래량은 조금 줄었죠. 상한가에 개입한 세력이 이 종목에서 아직 이탈하지 않았다면 내일 주가를 올려줄 가능성이 높습니다. 내일 공략대상종목이 될 수 있죠.

다음날을 보니 갭상승 출발하여 바로 주가가 밀리는 형국입니다. 이번에도 장중에 저가 매수세가 유입되면서 밑꼬리가 달린 음봉이 탄생했습니다. 상한가 다음날 똑같은 가격대를 지지해주는 밑고리 달린 음봉 2개라면 세력이 주가를 관리해주고 있다는 것을 확인할 수 있습니다. 차트급소가 탄생한 것이죠. 내일 이 종목은 집중적인 공략대상 종목이 되는 것입니다.

그런데 그 다음날 5일선을 찍고 주가가 올라가나 싶더니 시세는 주지 못하고 5일선을 지지해주는 단봉이 나왔습니다. 비록 4번 캔들에서 시세는 주지 못했지만 차트는 더욱 더 예쁘게 만들어지고 있습니다. 4번 캔들의 5일선 지지 양봉은 그림으로 보자면 날아갈 용의 눈를 그리는 것이라 할 수 있겠습니다.

차트가 더욱 완벽하게 만들어졌기 때문에 내일은 더욱 기대할 수 있는 것이죠. 이 종목은 포기하는 것이 아니라 내일도 다시 공략대상 종목이 되는 것입니다. 아니면 종가에 차트가 잘 만들어졌기 때문에 이 종목을 관찰할 수 있는 물량이라든가 물량을 일부 물량을 매수할 수 있을 것입니다.

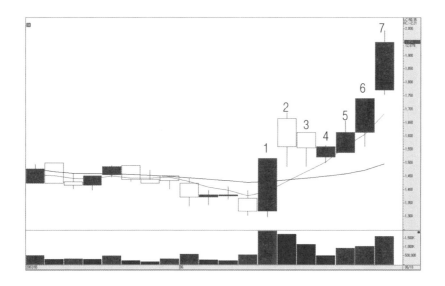

5번 캔들을 보면 주가가 올라가다가 윗꼬리가 약간 만들어지면서 밀리죠. 그러나 거래량을 보면 2번, 3번, 4번 캔들의 거래량은 점점 줄어들었는데 5번 캔들에서 다시 거래량이 늘어나고 있습니다. 2번, 3번 캔들의 매물을 세력이 조심스럽게 조금씩 소화시켜 주고 있는 것이죠.

5번 캔들에서 장중에 들어갔다고 하더라도 물량을 매도하지 말고 그냥 들고 가야 합니다. 5번 캔들이 적극적으로 공략캔들이 되는 것이죠. 비록 2번 캔들의 고점을 뚫지 못하고 약간 밀리는 모습을 보여주었지만 매도하는 것은 아닙니다. 주가가 서서히 매물을 소화시켜 주면서 상승하고 있잖아요. 세력이 아직 이탈한 모습도 아니고 개입되어 차트를 만들어가고 있기 때문에 시세를 주면 쭉 한 번 줄 가능성이 매우 높은 모습입니다. 이 종목은 승부를 할 만한 종목이죠. 먹을 수 있는 확률이 대단히 높은 차트입니다. 6번 캔들과 7번 캔들을 보면 역시 시세를 주죠.

세력이 개입되고 차트를 만들어가는 종목은 먹을 수 있는 확률이 대단히 높습니다. 이 종목도 이런 차트 모습을 해석할 줄 알고 공략했다면 누구나 10% 내외의 수익은 챙길 수 있었을 것입니다. 앞으로 세력이 개입되고 차트를 만들어가는 종목을 놓쳐서는 안 됩니다.

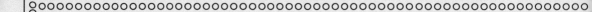

이렇게 급소만 탄생하는 종목만 제대로 공략해도 주식시장에서 절대 잃지 않는 매
매가 가능합니다.
자신이 정한 차트급소 안에 들어온 종목만 노릴 수 있는 실력을 쌓는다면 누구나
차트만 가지고도 잃지 않는 게임이 가능합니다. 대박 욕심을 노리고 급소안에 들
어온 종목만 딱 노린다면 누구나 주식시장에서 성공이 가능하다는 것이죠.

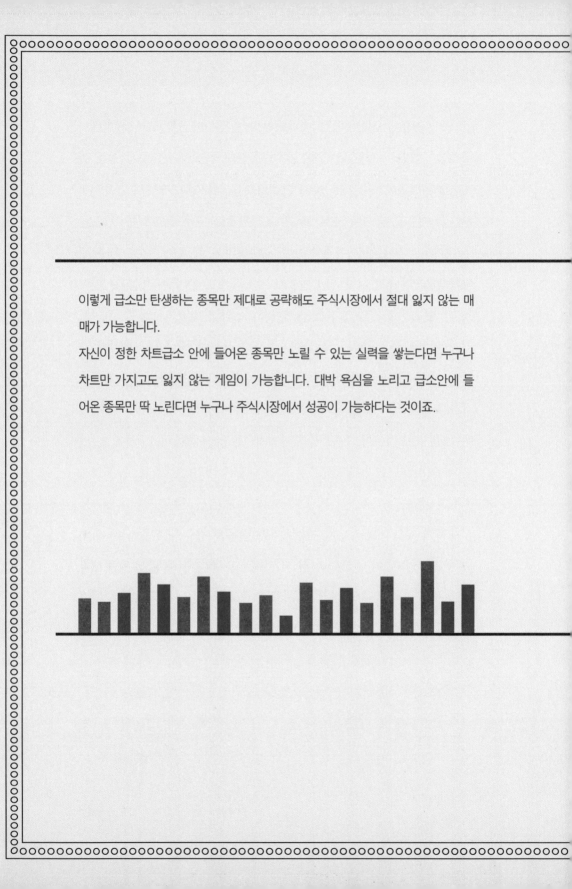

chapter 5

세력가 지지캔들 공략법

세력가 지지캔들 공략법

세력이 개입하여 주가가 올랐습니다. 그 다음의 상황은 바로 주가를 계속 올리는 경우가 있겠죠. 이 경우는 급소가 없이 올라가기 때문에 급소만 노리는 우리가 매매하기는 적합한 종목이 아닙니다.

아니면 우리가 지금까지 배워온 하루 조정이나 다중조정 이후 주가를 올리는 경우가 있을 것입니다. 그런데 세력이 여러 가지 사정으로 다중조정 이후에도 주가를 올리지 못하는 경우가 있습니다. 그런데 주가는 계속 흔들립니다. 세력이 개입한 종목이라도 주가가 계속 흔들리면 매매급소를 찾기도 어렵고 다른 매매법으로도 매매하기가 쉽지 않습니다. 그래서 이런 종목은 포기할 수도 있습니다.

그런데 주가가 분명히 올라가지는 않고 주가가 흔들림에도 불구하고 특정가격은 깨지 않고 지지해주는 모습을 보여주는 종목이 있습니다. 자세히 보니 특정 가격도 깨지 않고 세력이 개입한 흔적도 훼손하지 않고 있습니다. 무슨 뜻일까요? 개입한 세력이 주가를 관리하고 있다는 것이죠. 세력이 관리하는 종목, 바로 세력주입니다.

세력 내부의 어떤 상황이나 장 상황에 의해서 주가가 계속 불안하게 움직이지만 자세히 보면 세력이 주가를 관리하고 있다는 것을 알 수 있는 차트가 있습니다. 이런 경우는 차트에서 세력을 발견하는 것이죠. 이런 종목을 사냥꾼이 사냥을 하듯이 노리는 겁니다.

이런 종목 잘만 노리면 짭짤한 수익이 가능합니다. 주식시장에서 일목균형표니 엘리어트 파동이니 몰라도 몇 가지 매매법만 제대로 숙달하면 돈 벌 수 있습니다. 나에게는 이런 거 적성에 안 맞는다는 하시는 분은 일목균형표나 엘리어트 파동을 배우시고, 요거 잘만 배우면 뭔가 되겠는데 싶으신 분들과 같이 계속 진행해보도록 하겠습니다.

이런 매매법이 안 맞는 분들은 빨리 접고 강원랜드 가시거나 일목균형표로 떠나시라고 계속 친절하게 말씀드리는데도, 꼭 나중에 "이런 것은 개인투자자에게 위험한 매매법"이라고 말하는 분들이 계세요. 재미있는 건 말이죠. 꼭 돈을 못 버는 분들이 그러세요. 주식시장에서 돈을 벌고 있어봐요. 자신만의 매매법으로 돈을 벌고 있는데 이런 책을 무엇하러 보겠습니까. 그리고 돈 쓰기 바쁠 텐데 언제 한가하게 책을 읽고 있겠습니까. 안 봐도 다 아는 사실입니다. 그래도 그런 분들이라도 이왕 읽기 시작하셨으면 독서라 생각하시고 재미있게 읽어주세요.

세력이 정한 가격대를 지지해주는 급소공략법

차트1

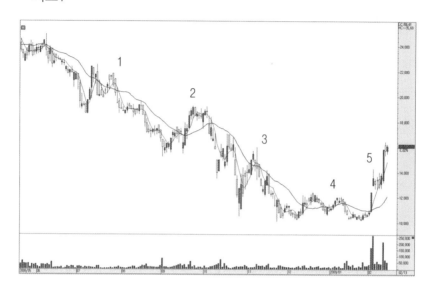

이 종목은 거의 8개월 동안 주가가 조정을 받는 종목입니다. 1번 구간에서부터 주가가 하락을 시작하고 2번 구간에서 반등을 시작하여 주가가 20일선도 돌파하지만 다시 주가가 20일선을 깨고 하락하기 시작합니다. 3번 구간의 하락을 거쳐 거의 7개월이 지난 4번 구간에서야 하락이 진정국면에 접어들고 있습니다. 주가는 25,000원 부근에서 간신히 1만원을 지켜낸 모습입니다. 주가가 반토막이 이상 하락한 모습입니다. 그 후 4번 구간에서 1개월 정도 조정을 받은 다음 5번 구간에

194

서 50%짜리 반등시세를 주고 있습니다.

만약 이 종목을 하락구간에 들고 있었다면 엄청난 손실을 입었겠지만 차트매매자는 이런 하락종목은 보유하지 않고 있는 것이 당연하겠죠.

그럼 우리는 하락구간에는 손실을 입지 않았거나 매수를 했어도 빨리 끊고 나와 손실을 적게 입었을 것입니다. 손실을 조금 있었던 분들은 이 종목에서 복수전이 가능한가를 탐색하고 있었을 텐데, 5번 구간에서 기회가 왔습니다. 과연 이 기회를 어떻게 잡아야 했을까요.

차트2

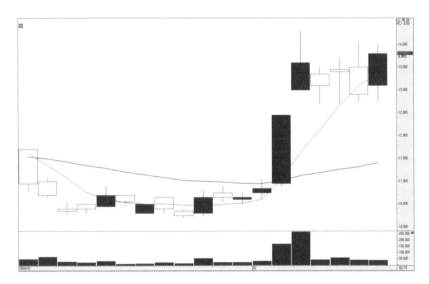

4번 구간을 확대한 차트입니다. 4번 구간에서 하락을 마무리하고 주가가 20일선 밑에서 도지형 캔들이 연속 탄생하면서 횡보하고 있습니다. 그러다 20일선에 도지형 캔들이 붙으면서 상한가가 나옵니다. 그리고 그 다음날도 갭상승 출발하여 주가가 크게 오르다가 매물을 받고 윗꼬리가 길게 달리면서 9.24%로 상승 마감합니다. 여기까지는 보편적인 모습입니다. 단기세력이 붙었거나 일시적인 상승요인 때문에 주가가 상승했다면 다시 20일선으로 내려올 가능성이 높습니다.

그런데 그 다음날 밑꼬리가 달린 음봉도지가 나옵니다. 그 다음날 음봉은 밑꼬리가 첫째날보다 밑꼬리가 더 깁니다. 3일째는 음봉의 몸통이 전날보다 크기는 하지만 연속음봉의 밑꼬리는 깨지 않고 있습니다. 4일째는 양봉이 밑꼬리가 달린 양봉이 나오기는 하지만 역시 연속 3음봉의 밑꼬리는 이탈하지 않고 있습니다. 연속적으로 보면 상한가 가격을 깨지 않고 있습니다. 특정한 가격대는 깨지 않고 지지해주고 있는 모습을 확인할 수 있습니다. 첫날 상한가를 만든 세력이 아직 이탈하지 않고 자신들이 정한 특정 가격대를 지지해주고 있는 모습입니다. 상한가를 만든 세력이 이탈하지 않고 매도세를 특정 가격대에서 계속 받아주는 이유는 무엇일까요? 당연히 추가 상승을 계획하고 있기 때문입니다. 그러지 않고서야 고가에서 매물을 받아줄 필요가 전혀 없는 것이죠.

세력이 정한 특정 가격대에서 주가가 지지되는 종목. 이런 종목이 바로 차트매매의 공략종목이 되는 것이며, 캔들급소가 나오면 바로 공략을 하면 됩니다.

이 종목은 연속 지지되는 것을 확인하는 순간 언제든지 공략준비를 하고 있어야 합니다. 그런데 3음봉 이후 양봉이 나왔단 말이죠. 이 양봉이 탄생할 때 집중해서 공략할 수도 있었는데 더 크게 올라가지 않고 일단 지지가격대의 상단 매물을 소화시켜주는 모습만 보여주고 있습니다. 더 이상 올려주지 않고 있죠. 일단 이 양봉캔들로 지지캔들의 상단 매물을 소화시켜 주었다고 해석하고, 내일 다시 주가가 움직이면 적극적으로 공략해야 하는 겁니다. 완전한 캔들급소가 탄생한 것이죠.

차트3

주가가 갭하락 출발하여 이 종목은 오늘도 아닌가 싶었는데, 장중에 강한 매수세가 붙으면서 상한가로 주가를 올리고 있습니다. 첫 번째 상한가를 만든 세력이 자신들이 정한 가격대에서 매물을 소화하고 다시 주가를 올리는 것을 확인할 수 있습니다. 차트매매자라면 세력이 다시 주가를 올리는 오늘 이 종목을 공략했어야죠.

차트매매로 돈을 벌고 있는 고수들은 이런 종목을 공략합니다. 차트매매를 하면서 이런 종목을 놓치거나 공략하지 못하니까 돈을 벌지 못하는 겁니다. 고수들은 이런 종목을 놓치지 않습니다. 타짜와 호구의 차이는 여기서 나는 겁니다. 타짜는 이런 종목을 발굴할 줄 알고 놓치지 않고 공략을 합니다. 실패할 확률보다 성공할 확률이 대단히 높기 때문에 이런 종목을 놓치지 않는다면 주식시장에서 차트매매로도 돈을 버는 것이 가능한 것이죠.

호구는 이런 종목을 발굴하는 방법도 모르고 공략할 엄두도 내지 못하고 있습니다. 그냥 차트를 보면서 비슷하게 올라갈 종목 같은 거 매수해서 무작정 기다리고 있습니다. 이것도 좋습니다. 그런데 차트가 좋아서 산 종목은 차트가 망가지면 매도해야지요. 차트가 좋아서 매수한 게 나쁜 차트로 변했는데도 '언젠간 올라갈 거야'라고 생각하면서 매도를 안 하니까 호구로 전락하는 겁니다. 차트 중에서도 이렇게 세력이 개입되어 미이탈한 모습이 확연한 종목만 잡고 공략대상으로 삼아보십시오. 돈을 잃을래야 잃을 수가 없는 겁니다.

맨날 세력주 타령하면서 이건 세력이 개입됐는지 아닌지 헷갈리는 종목을 들고 올라가기만을 기다리니 안 되는 것이죠. 물론 세력이 개입됐다고 판단되는 차트가 다 세력이 개입된 것은 아닐 수도 있습니다. 장에 의해서 아니면 일시적인 상승요인에 의해서 세력이 개입된 차트처럼 보일 수도 있습니다. 또 세력이 개입됐다고 하더라도 다 올라가는 것은 아닙니다. 세력이 개입됐다고 그들도 다 성공하는 것은 아닙니다. 그래도 세력이 개입되어 미이탈한 종목을 고를 줄 아는 것과 아닌 것은 실전에서 엄청난 차이가 납니다.

종교에서 영적인 것을 볼 수 있는 눈을 영안이 열렸다고 합니다. 이 책은 차트매매의 초보자들에게 차트에서 급소를 보는 눈을 열어줄 것입니다. 제가 하나씩 캔들하나씩 집어가면서 전체적인 차트형성 원리를 설명해드리니 좀 도움이 되지 않겠습니까.

시세 분출 후 세력가 지지캔들 공략법

차트1

이 종목의 1번 구간을 살펴보면 주가가 잠깐 급등을 했다가 1번 구간 내내 하락합니다. 그러다 2번 구간에서 급격한 하락을 보입니다. 주가는 1번 구간 최고 고점인 2천원대에서 600원도 깨고 내려가는 엄청난 하락폭을 보여줍니다. 이렇게 크게 하락을 하는데 5개월 정도의 시간이 걸립니다.

장기투자도 있지만 잘못 종목을 선정하면 5개월 만에 투자금액이 반토막이 날 수도 있는 곳이 주식시장입니다. 그렇기 때문에 장기투자는 아무 종목이나 또는 대충 골라서는 안 되는 것입니다.

이 종목은 큰 하락을 보인 다음 3번 구간에서 800원대의 주가를 유지하면서 횡보를 합니다. 3번 구간의 주가횡보 기간이 3개월 정도 걸립니다. 이 기간이 총 8개월 정도 걸리는데 하락한 주가는 올라갈 기미가 보이지 않습니다. 만약 고점에서 물린 투자자라면 큰 고통이겠지만 물량이 없는 사람은 공략대상 종목이 될 수 있겠죠. 하지만 5개월간 큰 하락, 3개월간 횡보한 종목이라고 매매대상 종목은 아니라는 것은 아시겠죠. 캔들매매는 차트급소가 필요한데 이 종목은 아직 급소가 탄생하지 않았기 때문입니다.

그런데 이 종목의 최근 모습을 살펴보면 거래량이 늘어나면서 주가 반등시도를 하고 있습니다. 그러면 최근의 이 종목의 주가 흐름을 살펴보면서 매매급소가 나왔는지 알아보도록 하겠습니다.

차트2

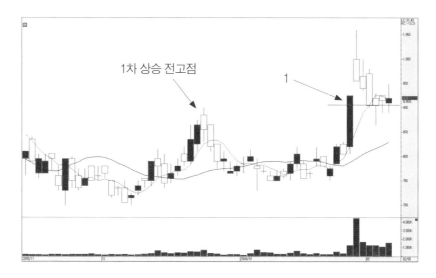

주가가 하락을 하다가 1차 상승을 합니다. 주가가 하락한 것에 비하면 새발의 피에 불과한 상승이지만 어쨌거나 상승은 상승입니다. 사실 워낙 크게 하락을 해서 그렇지 700원대에서 900원대까지 상승을 했으니 그 상승폭이 적다고 말할 수는 없습니다. 캔들 하나 먹자고 덤비는 우리들에게는 상당히 큰 시세를 준 것이죠. 그러나 지금 1차 상승을 어떻게 먹을 것인가를 연구하는 것은 아니니까요.

그리고 다시 하락을 하죠. 그런데 다시 하락추세로 들어선 것이 아니라 주가가 바닥을 다지고 있습니다. 긴 시간 동안 하락하고 바닥을 다지는 과정이기 때문에 주가가 상승으로 전환할 가능성이 점점 높아지는 종목이라 할 수 있습니다.

그러나 가능성이 높다는 것이지 상승으로 전환한다는 것은 아닙니다. 그렇기 때문에 미리 예상하고 매수해서는 안 되는 겁니다. 다 알고 계시죠.

주가가 횡보를 하는 동안 어떠한 일이 일어날지 모르기 때문에 건드러서는 안 되는 겁니다. 그런데 이 종목은 갑자기 상한가가 나왔습니다. 앞의 전고점 매물을 소화하고 올라갔죠. 앞의 전고점에서 거래량이 없었기 때문에 상한가를 만든 세력 입장에서는 매물 걱정할 필요는 없었겠죠. 그냥 시원스럽게 주가를 올립니다.

그리고 그 다음날 전형적인 상한가 패턴이 나옵니다. 주가가 갭상승 출발하여 상한가로 향했다가 매물을 받고 쭉 밀려 내려오죠. 전형적인 단기매매 세력의 활동 모습입니다. 그리고 주가가 2일 연속 음봉으로 마감하고 있습니다. 여기서 세력이 털고 나갔다면 상한가를 깨고 주가가 하락해야죠. 그런데 3일 단봉 조정을 받는데 주가가 하락하려고 하니까 밑꼬리를 달면서 매수세가 달라붙는 모습입니다.

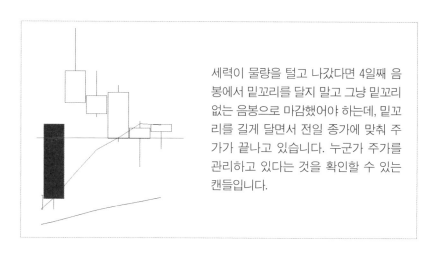

세력이 물량을 털고 나갔다면 4일째 음봉에서 밑꼬리를 달지 말고 그냥 밑꼬리 없는 음봉으로 마감했어야 하는데, 밑꼬리를 길게 달면서 전일 종가에 맞춰 주가가 끝나고 있습니다. 누군가 주가를 관리하고 있다는 것을 확인할 수 있는 캔들입니다.

여기서 확인할 수 있는 것이 바로 누군가 주가를 관리한다는 것이죠. 물량을 다 털고 나갔다면 그냥 주가를 하락시켜도 되는데 버틴단 말이죠. 무슨 말이냐. 상한가에 들어온 세력이 물량을 털지 않았다는 겁니다. 그러고 보니 상한가 이후에 6일 동안 주가 흐름을 보면 거래량이 없습니다. 물량을 털고 나간 것이 아니라 아직 세력이 있다는 겁니다. 오히려 물량을 소화시키고 있는 모습입니다.

그리고 3일 단봉의 종가를 보세요. 특정 가격대를 깨지 않고 관리하고 있습니다. 상한가의 고점은 훼손하고 있으나 특정 가격대는 지켜주고 있다는 것입니다. 특정 가격대는 누가 정했습니까. 바로 세력이죠. 세력들이 자신들이 이 가격은 깨지 말아야겠다고 정한 가격대를 지켜주고 있는 것입니다. 자신들이 정한 가격대 아래로 주가가 내려가면 종가에는 그 가격대는 지켜주는 종가관리를 하고 있는 겁니다.

차트를 보세요. 누군가 주가를 관리하고 있다는 것을 볼 수 있죠. 돈 벌 수 있는 종목을 또 하나 발견했습니다. 이제 세력이 들어 올려주기만 하면 됩니다. 5일은 음봉이지만 6일째는 단봉이지만 양봉입니다. 그리고 거래량이 조금 늘어났죠. 세력이 주가를 움직일 시기가 임박했다고 볼 수 있습니다. 긴장하고 공략준비를 해야겠죠.

차트3

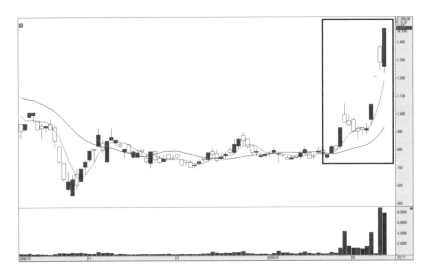

다음날 주가가 갭상승 출발하여 상한가로 쭉 올려주고 있는 모습입니다. 다음날은 점상한가이죠. 세력이 상한가 다음날 주가를 올려보려고 합니다. 그런데 워낙 장기 하락한 종목이다 보니 매물이 많습니다. 세력이 바로 올리는 것을 포기하고 매물을 소화시키는 방향으로 전환합니다. 주가를 하락 조정시키면서 나오는 매물을 받고 있습니다. 그러나 자신들이 정한 가격은 깨지 않고 있습니다. 만약 주가를 관리하지 않고 방치했다면 다시 주가를 올리는 데 돈도 많이 들고 어려웠을 것입니다.

자신들이 주가를 올려도 될 것이라는 판단이 섰을 때 가차 없이 주가를 올리는 모습입니다. 첫 번째 상한가에서 다시 물량을 소화하면서 주가를 올려주고 다음날은 점상한가로 주가를 올려 추가상승의 기대감을 심어주면서 매물이 못 나오도록 하고 있습니다. 아주 지능적이고 경험이 있는 단기 세력이라 할 수 있겠죠.

캔들매매에서 봤을 때 3음봉까지 캔들급소는 나오지 않았습니다. 매수할 급소가 없는 종목이었죠. 그런데 4조정 캔들에서 밑꼬리를 달고 주가를 관리해주는 모습에서 이 종목이 그냥 끝날 종목이 아니며 누군가 주가를 관리하고 있다는 힌트를 얻을 수 있습니다.

그리고 특정 가격대를 지지하는 단봉의 조정캔들에서 이 종목이 세력이 미이탈한 종목이라는 확신을 얻을 수 있는 것이죠.

준비하고 있다가 세력이 움직이면 바로 공략해서 수익을 챙기고 나오면 되는 겁니다. 지금 이런 종목이 있나 찾아보세요. 그리고 수익 내는 종목으로 만드시기 바랍니다.

2상한가 이후 세력가 지지캔들 공략법

2상한가 지지캔들 공략법은 상한가가 2번 연속 출현하는데 주가 조정 시기에 세력이 자신들이 정한 지지가를 첫 번째 상한가로 잡는 경우입니다.

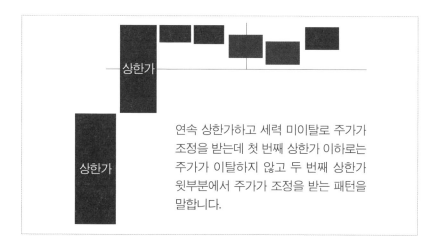

연속 상한가하고 세력 미이탈로 주가가 조정을 받는데 첫 번째 상한가 이하로는 주가가 이탈하지 않고 두 번째 상한가 윗부분에서 주가가 조정을 받는 패턴을 말합니다.

무슨 말인지 아시겠죠. 실전에서 사례를 배워보도록 하겠습니다.

다중 음봉 조정패턴 공략법

차트1

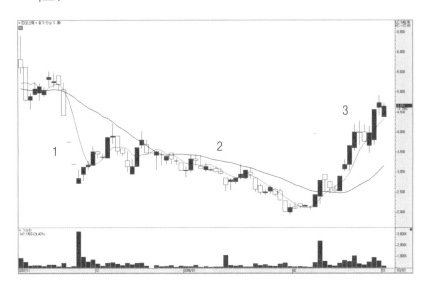

　이 종목은 1번 구간에서 점하한가로 주가가 급락합니다. 그리고 주가가 일시적으로 반등하지만 흘러내리는 20일선을 돌파하지 못하고 다시 완만한 하락합니다. 2번 구간을 보면 일시 반등 이후 거의 두 달 동안 주가가 하락하는 모습을 볼 수 있습니다. 그리고 짧은 주가 횡보

이후 100% 정도 시세를 줍니다.

횡보하는 종목은 무조건 사는 것이 아니라 주가가 움직이면 사야 되는 겁니다. 조정기간이 얼마가 될지 모르기 때문에 조금 돈을 더 주더라도 확실히 움직이는 것을 보고 사야 된다는 것이죠. 세력이 개입됐다고 판단된 종목을 매수하는 것이 아니라 세력이 움직이는 종목을 매수해야 하는 것이죠. 세력이 개입됐다고 판단된 종목은 관심종목에 넣어두기만 하면 됩니다. 세력이 언제 움직일지는 모르기 때문에 미리 매수하지 말라는 것입니다.

이 종목은 하락 이후 짧은 횡보 이후 시세를 주는데, 우리는 어디에서 차트급소를 찾아 매수할 수 있었는지 우리가 매수할 수 있었던 차트급소를 찾아보도록 하겠습니다.

차트2

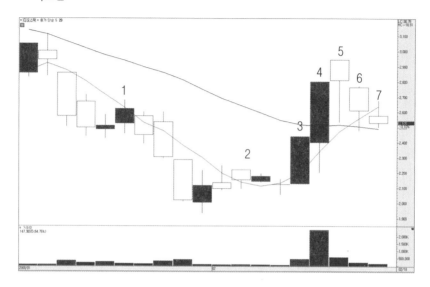

　1번 구간이 2개월 정도 주가가 하락하는 시기이죠. 그리고 2번 구간
에서 5일간 횡보조정을 받습니다. 2번 구간까지는 하락을 마무리했다
고 볼 수 없죠. 올라갈지 안 올라갈지도 알 수 없는 상태입니다. 단지
단봉의 캔들이 연속적으로 옆으로 횡보했다고 해서 매수해서는 안 됩
니다. 언제 올라갈지 다시 하락할 모르기 때문입니다. 특히 오랜 기간
하락을 멈추지 않았던 종목이기 때문에 추가로 하락할 가능성이 올라
갈 확률보다 높다고 할 수 있겠습니다.

　관심이 없던 차에 3번 캔들에서 상한가라는 강한 장대양봉이 나옵
니다. 그냥 장대양봉보다 상한가가 나왔기 때문에 더욱 주목할 만한

종목이 됩니다. 그리고 20일선 바로 아래까지 주가가 진출을 합니다.

같은 장대양봉이라고 해도 상한가와 장대양봉은 차이가 있다는 것 알고 계시죠. 장대양봉은 강한 종목이지만 위에 있는 매물을 완전히 소화시킨 상태가 아니지만 상한가는 매도호가의 매물을 완전히 소화시킨 상태입니다. 이는 큰 차이가 있는 것이죠. 특이 이 종목은 20일선을 바로 아래에 깔고 상한가가 나왔습니다. 강력한 저항선이자 매물대인 20일선 바로 아래까지 주가가 상한가로 진출했다는 것은 강한 매수세의 개입을 읽을 수 있습니다. 적어도 내일 강하게 20일선을 돌파할 가능성이 높은 종목입니다. 오늘은 갑자기 상한가가 나왔으니까 매매를 못했지만 내일은 적극적으로 매매할 수 있는 시점이 되는 것이죠.

그러나 오랫동안 하락한 종목이기 때문에 20일선 돌파시도가 강한 매수세력이 아니라면 어려울지도 모릅니다. 내일 데이트레이딩을 한다고 하더라도 조심할 필요가 있죠. 3번 캔들에 개입한 세력이 4번 캔들도 강하게 상한가로 주가를 올려버렸습니다. 장중에 대량거래가 터지면서 쑥 밀리기는 했지만 강한 매수세로 상한가로 마감합니다.

바닥에서 상한가가 2번 연속적으로 나왔으니 내일은 접근하는 것이 아닙니다. 바닥에서 연속으로 상한가 2방이 나왔다면 부담스러운 가격이거든요. 조정이 나올 가능성이 높기 때문에 내일은 접근하지 않습니다.

그런데 다음날 5번 캔들을 보면 갭상승 출발했다가 바로 밀리면서 장중에 한 번 크게 밀립니다. 그런데 다음날 저가 매수세가 들어오면서 밑꼬리가 길게 달린 음봉이 나옵니다. 그런데 장중에 한 번 크게 밀렸는데도 거래량이 안 터졌습니다. 세력이 아직 이탈하지 않은 것이죠. 장중에 밀렸지만 속임수일 수도 있는 것이죠. 거래량이 없기 때문에 상한가 2번을 만든 세력이 아직 이탈할 시간이 없었던 것으로 봐야죠.

6번 캔들도 갭하락 출발하면서 밑꼬리가 달린 음봉이 나왔습니다. 종가상 20일선은 안 깨고 5번 캔들의 밑꼬리 부근에 캔들이 위치합니다. 7번 캔들도 갭하락 출발하지만 20일선을 깨지 않고 6번 캔들의 밑꼬리 부근에 캔들의 몸통이 있습니다.

5번, 6번, 7번 캔들은 4번 캔들의 상한가는 깎아먹었지만 3번 캔들의 상승분은 깨지 않았고 20일선을 위에 존재하고 있습니다. 바닥에서 상한가 2번에 거래량 줄은 3음봉 조정이라면 내일 공략이 되는 겁니다. 차트급소가 만들어진 것이죠. 내일 20일선을 깨지 않고 강한 매수세가 들어오면 공략하는 겁니다. 내일 장대양봉이 나올 가능성이 상당히 높습니다. 개입된 세력이 아직 이탈하지 않았기 때문에 이탈하기 위해서 시세를 다시 줄 가능성이 상당히 높은 차트패턴이라 할 수 있습니다. 내일이 다시 급소가 탄생할 수 있는 날인 것이죠.

내일 공략준비를 하는 겁니다.

차트3

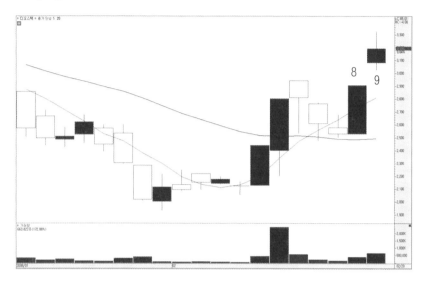

　미이탈한 세력이 시가부터 강하게 개입하여 다시 상한가로 주가를 끌어올립니다. 이 종목은 장중 내내 공략이 가능하겠죠. 이 종목은 적어도 2번째 상한가 윗꼬리 부근까지 주가가 진출할 가능성이 상당히 높습니다. 자신들의 매집가격 이상으로 주가를 올려야 되니까요. 그러니까 장중 내내 공략이 가능한 종목이라는 것이죠. 시가부터 공략을 했으면 상한가 한방은 먹을 수 있었겠고, 장중에 공략하더라도 5% 이상은 누구나 챙겼을 것입니다.

　상한가 마감을 했으니까 매도하지 않고 보유하고 있다면 적어도 내일 몇 퍼센트는 더 챙길 수 있을 것입니다. 8번 캔들에서 강하게 상한가로 마감을 하니까 다음날 9번 캔들을 보면 갭상승해서 주가가 출발하고 윗꼬리 달린 단봉이지만 양봉으로 주가가 마감을 합니다. 9번 캔들의 수익도 챙길 수 있었겠죠.

차트4

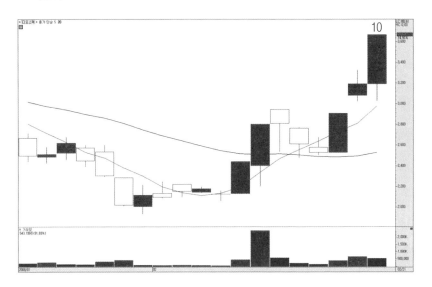

10번 캔들에서 또 상한가로 마감을 합니다. 바닥에서 상한가 2번을 만든 세력이 5번, 6번, 7번 캔들에서 이탈하지 않고 조정을 주고 시세를 준 것을 확인할 수 있습니다. 첫 번째 바닥에서 상한가 2방은 먹지 못했다고 하더라도 세력이 20일선을 깨지 않고 조정을 급소를 노렸다면 30% 내외의 수익은 누구나 챙겼을 것입니다. 이렇게 급소만 탄생

214

하는 종목만 제대로 공략해도 주식시장에서 절대 잃지 않는 매매가 가능합니다. 물론 욕심은 금물이고 이런 기가 막힌 급소가 탄생하는 종목이 매일 나오는 것이 아닙니다. 하지만 우리가 매일 매매하는 것이 아니니까 상관없습니다.

자신이 정한 급소 안에 차트가 들어오기 전까지는 공략종목으로 선택하지 않기만 하면 됩니다. 자신이 정한 차트급소 안에 들어온 종목만 노릴 수 있는 실력을 쌓는다면 누구나 차트만 가지고도 잃지 않는 게임이 가능합니다. 대박 욕심을 노리고 급소안에 들어온 종목만 딱 노린다면 누구나 주식시장에서 성공이 가능하다는 것이죠.

상한가 2번을 깨지 않는 종목

차트1

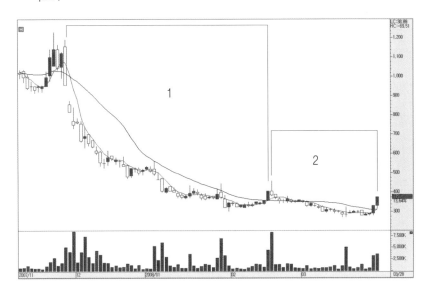

이 종목은 1번 구간을 보세요. 주가가 급락을 하죠. 처음에는 급격히 하락하다가 최근에는 완만히 하락하고 있습니다. 어쨌거나 지속적으로 하락하고 있는 종목입니다. 주가가 중간에 반등을 하려는 캔들이 나오기는 하지만 전부 윗꼬리가 달리면서 20일선을 돌파하지 못하고 있습니다. 그러다가 1번 구간이 끝나는 시점에서 20일선을 돌파하는 반등이 한 번 나와줍니다. 그러나 거기서 끝입니다. 다시 주가가 하락합니다. 2번 구간 역시 주가가 완만하기는 하지만 하락을 하는 시기입니다.

이 종목은 그야말로 보유자에게는 악몽 같은 종목이자 미보유자는 절대로 건드려서는 안 되는 종목입니다. 한마디로 밑바닥이 어디인지 알 수 없는 종목인 것이죠. 그러던 종목이 2번 구간 끝에서 상한가가 한 번 나옵니다. 그래서 주목하고 있는데 그 다음날도 상한가가 나옵니다. 2일 연속 상한가가 나옵니다. 첫 번째 상한가 다음날 캔들급소가 탄생하면 공략준비를 하려고 했는데 바로 상한가가 출현했습니다. 끝없이 하락하던 종목에서 상한가 2번이 연속으로 나왔으니 하락추세에서의 일시적인 반등이라면 주가 상승은 여기서 끝날 가능성이 높습니다.

차트2

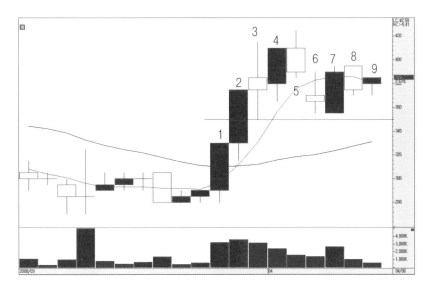

차트를 확대해보았습니다. 주가가 바닥을 헤매다가 20일선을 돌파하는 상한가가 하나 나왔구요. 그 다음날 바로 다시 상한가가 출현합니다. 2일 연속 상한가입니다. 그리고 다음날 3번 캔들에서 시세를 주는 것 같았는데 쭉 뻗어주지 못하고 주가가 주저앉고 맙니다. 그리고 4번 캔들에서 다시 상승시도를 하는데 3번 캔들의 윗꼬리를 넘지는 못합니다. 그래도 4번 캔들은 윗꼬리가 없습니다. 내일 돌파시도를 할 수 있는 상황입니다. 그런데 다음날인 5번 캔들에서 보합에서 시작을 해서 돌파하는 것 같더니 오히려 음봉으로 마감을 합니다. 올라갈 자리에서 올라가지 못하니까 실망매물이 나오면서 6번 캔들은 오히려 갭하락 마감합니다. 7, 8, 9번캔들도 올라가는 시세는 보여주지 못하고 옆으로 횡보만 하고 있습니다. 이 상태로만 본다면 주가가 끝났다고 해도 과언이 아니겠죠.

하지만 차트 전체적으로 놓고 보세요. 아직 끝나지 않았다는 것을 알 수 있습니다. 여러분도 이제 감이 잡히지 않나요. 상한가 2번 이후 거래량을 보세요. 3번 캔들이 강하게 돌파하려면 거래량이 실려 줘야 합니다. 그런데 3번 캔들에서 줄어들었을 뿐 아니라 거래량이 뒤의 캔들로 갈수록 줄어들고 있습니다. 주가를 강하게 올리려면 거래량이 늘어나야 하는데 갈수록 줄어들고 있단 말이죠. 올라가기는 글렀단 말입니다. 거래량이 줄면서 올라가려면 세력의 매집이 이 종목을 완전히 장악한 경우이죠. 단기세력이 아닌 경우입니다.

종목은 그런 모습은 아닙니다. 왜냐하면 전체 차트에서 봤듯이 크게 하락한 종목이란 말이죠. 오랜 시간 동안 하락만 한 종목입니다. 이런 종목에 거대 세력이 들어와서 매집을 했다는 것은 매우 어려운 일입니다. 매집을 하려면 횡보구간이 있어야죠. 이 종목은 그런 구간이 없잖아요.

그러면 긴 하락추세를 보고 단기세력이 들어온 것인데 상한가 2번으로 끝나는 것이냐? 그것도 아닌 것 같지 않습니까. 상한가 2번 이후 주가가 올라가지 못하고 있습니다. 단기세력이 빠져 나가려면 3번 캔들과 4번 캔들에서 거래량이 늘어나야 합니다. 그런데 거래량이 오히려 줄었단 말이죠. 아직 빠져 나가지 못한 것으로 판단할 수 있습니다. 그러한 확신을 할 수 있는 것이 뒤의 캔들을 보세요. 주가가 밀리지 않습니다. 단기세력이 시세를 주고 빠져 나갔다면 주가는 다시 천천히 원상태로 돌아가는 것이 맞습니다. 그런데 주가가 하락하지 않고 옆으로 횡보합니다. 그리고 횡보하는 캔들을 보세요.

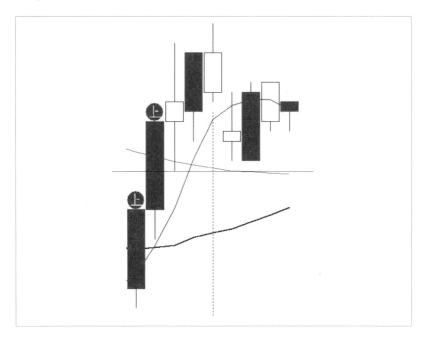

2번째 상한가를 이탈하지 않고 있습니다. 2번째 상한가의 절반 이상 은 훼손하지 않고 있습니다. 상주하고 있는 세력이 자신들이 정한 가 격대를 깨지 않고 지지해주고 있는 것이죠. 2번째 상한가는 지켜주고 있습니다. 무슨 뜻일까요?

세력이 2번 상한가를 만든 이후에 주가를 올리려고 하는데 개인이 따라 붙지 않으니까 올리지 못합니다. 올리고 물량을 털고 나가려고 하는데 개인이 안 붙으니까 못 올립니다. 단기세력은 자신의 자금이 한정되어 있기 때문에 자신이 주가를 올리는 데 선도 역할을 하고 개인이 따라붙게 해서 개인의 자금과 함께 주가를 올립니다.

그러면서 달라붙는 개인들에게 자신들의 물량을 떠넘기고 빠져나가는 것이죠. 그런데 주가를 올리는 데 도움을 주고 자신들의 물량을 넘길 개인이 없어요. 그러니까 주가를 올리다가 맙니다. 주가를 올리는 것도 문제지만 빠져나갈 수가 없습니다. 이 상태로 주가를 올리면 어떻게 되겠어요. 이 종목은 장기 하락 종목입니다. 올리면 언제 물린 투자자의 물량이 쏟아질지 모릅니다. 그러니까 그냥 올리지도 못합니다. 진퇴양난에 빠진 세력인 것이죠.

빠져나갈 궁리를 해야 하는데 여기서 주가를 그냥 빼면 손해입니다. 작전 실패인 것이죠. 그러면 손해보고 나가면 됩니다. 그런데 손해는 보기 싫은 세력입니다. 어떡해서든지 손해는 안 보고 빠져나가려고 하고 있습니다. 그러니까 주가를 자신들이 정한 가격에 맞춰 지지해주고 있습니다.

만약 주가를 그냥 방치하면 주가를 다시 올리기에 매우 힘이 듭니다. 돈도 훨씬 많이 들구요. 자금이 한정된 단기세력이라고 했습니다. 빠져나가기 위해 돈을 계속 쓸 수 없는 상황인 것이죠. 돈이 있다고 하더라도 돈을 더 썼다가는 빠져나갈 때 더욱 많은 매물을 청산해야 하기 때문에 지금보다 더욱 힘들겠죠. 그러니까 자신들이 정한 특정 가격대를 지지해주는 겁니다. 자기들끼리 '이 가격 이상은 하락시키지 말자' 하고 정하는 것이죠.

그렇다고 주가를 무한정 주가를 횡보시키지는 않을 겁니다. 언젠가 다시 한번 올리는 시도를 하겠죠. 그때 우리가 같이 들어가서 수익을 내는 겁니다. 이 종목에서 수익을 내려면 항상 공략준비를 하고 있어야겠죠.

지루해서 못 기다리겠다구요? 빨리 강원랜드 가시라니까.

다시 이 종목으로 넘어갑시다.

차트4

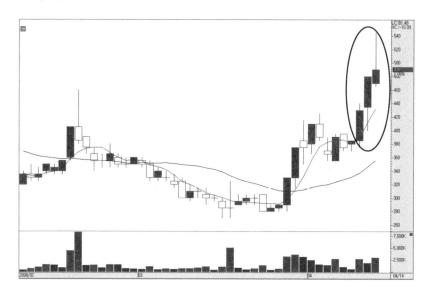

앞의 점고점을 돌파하면서 주가를 올려주고 있습니다. 세력이 언제 주가를 올리지는 모르니까 항상 준비를 하고 있다가 끌어올려 주기를 기다립니다. 숟가락 하나만 살짝 올려놓고 밥상이 차려지면 밥 한 숟가락만 먹고 나오면 됩니다. 캔들매매는 항상 욕심을 부려서는 안 됩니다. 밥 한 숟가락만 먹고 나온다는 소박한 욕심만 가지고 있어야 합니다. 배터지게 먹겠다고 덤벼서는 안 됩니다. 진짜 배가 터집니다. 밥 한 숟가락 먹고 나오겠다고 했는데 세력이 밥 한 숟가락 더 먹으라고 주면 그때 한 숟가락 더 얻어먹고 나오는 겁니다. 항상 한 숟가락의 욕심만 가지고 있어야 합니다. 그래야 먹고 나오거든요.

주가를 올려주는 날 상한가 들어갔다가 밀립니다. 이날 매수했다가 매도할 수도 있습니다. 이 정도로는 못 빠져 나왔을 테니까 다음날도 시세를 줄 가능성이 높습니다. 그래서 다음날도 노려볼 수 있구요. 일부 물량을 하루 더 보유해도 좋습니다. 한 숟가락 더 먹는 것이죠.

그런데 이 종목은 어쨌거나 시세를 줍니다. 한 숟가락 먹고 나왔습니다. 다른 밥상에 숟가락을 얹어놓고 있는데 이 종목이 이렇게 변했습니다.

차트5

　세력이 정한 가격을 지지해주다가 주가를 올리고 더 이상 올라가지
못하고 하락합니다. 그런데 다시 주가가 하락하지 않고 옆으로 횡보합
니다. 이게 무슨 뜻이죠? 다시 올려 먹으려고 하나요? 왜 그런 줄 아시
겠어요?

　이런 이유는 세력이 아직 빠져나가지 못한 것이죠. 주가를 올리긴
올렸는데 자신들이 물량을 아직 처분하지 못한 것입니다. "타짜 같은
실력을 가진 세력들이 손해도 보고 빠져나가지 못하는 경우도 있단 말
입니까?" 예, 많이 있습니다. 우리가 몰라서 그렇지 세력들도 많이 실
패를 합니다. 주가가 세력들 마음대로 항상되는 것은 아니거든요. 세

224

력은 모든 변수를 고려하지만 항상 성공하는 것은 아니라는 것을 아시기 바랍니다. 그렇기 때문에 세력이 돈을 많이 번다고 부러워할 필요가 없는 겁니다. 이들도 손해를 보면 큰 손실로 이어지기 때문에 위험 부담을 안고 하는 겁니다. 우리는 금액이 적으니 손절도 빠르지만 이들은 그것도 쉽지 않거든요.

이 종목에서 세력이 아직 빠져나가지 못했습니다. 물량을 일부만 정리했는지 하나도 정리 못했는지는 알 수 없습니다. 그러나 아직 물량을 보유하고 있다는 것은 사실입니다. 사실 세력가 지지 이후 주가를 올릴 때 일부러 안 빠져나간 것인지 빠져나갈 상황이 아니라서 못 빠져나간 것인지는 알 수 없습니다. 제가 보기에는 아까도 말했지만 물량을 넘길 개인이 붙지 않으니까 물량을 정리하지 못한 것 같습니다. 거래량을 보세요. 물량을 정리하려면 거래량이 붙어야 하는데 거래량이 없어요. 그러니까 물량 정리가 안되는 겁니다.

중요한 것은 아직 이 종목에 세력이 있다는 것입니다. 다시 공략할 수 있다는 겁니다. 차트급소가 다시 만들어지고 있잖아요. 다시 들어 올릴 가능성이 매우 높기 때문에 다른 밥상에 올려놓았던 숟가락을 이 밥상으로 다시 옮겨 놓습니다.

차트6

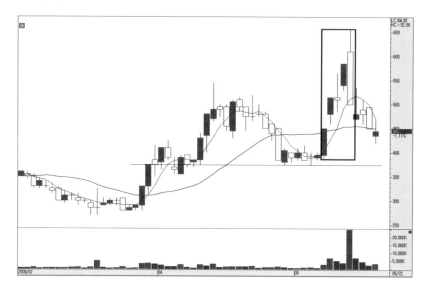

　역시 세력이 다시 주가를 올려줍니다. 앞의 전고점을 돌파시키면서 시세를 주고 있습니다. 차려진 밥상에 숟가락 하나 올려놨으니까 다시 한 숟가락 떠먹으면 되죠.

　이번에는 세력이 빠져나간 것 같네요. 거래량이 다르죠. 저 정도의 거래량은 만들여져야 세력이 물량을 정리하고 빠져나갈 수 있습니다. 세력이 개인에게 물량을 넘기고 빠져 나갔겠죠. 이걸 아는 투자자는 숟가락 하나 얹어놓고 밥 숟가락 얹고 먹고 나오는데, 이걸 모르는 투자자는 세력이 밥 다 먹고 밥상 치우고 나면 설거지를 합니다. 먹지도 못하고 설거지를 하는 개인투자자가 있어요. 그것도 많이요. 서로 설거지 하겠다고 달라붙는 거 보세요.

이제 밥 한 숟가락 얻어먹는 것이 얼마나 소중한 것인지 아시겠습니까. 모르시겠다구요? 실전에서 당해보세요. 밥 한 숟가락이 얼마나 꿀맛인지 아실 겁니다.

딱딱한 주식 공부하면서 웃자고 하는 말입니다. 혹시 웃자고 하는 말에 죽자고 덤비시는 분은 안 계시겠죠. 그런 분은 여기서 스톱입니다. 책을 조용히 덮어주세요. 그럼 안 덮으신 분을 위해서 계속 진행해보도록 하겠습니다.

플랫폼 패턴을 공략하라

　플랫폼 패턴이란 세력이 만든 강한 장대양봉 이후 주가가 하락하지 않는 것은 세력가 지지패턴과 같습니다. 그런데 플랫폼 패턴은 주가가 세력이 정한 가격에서 하락조정을 받는 것이 아니라 장대양봉 이후 주가가 서서히 올라가는 패턴입니다. 물론 옆으로 횡보하는 모든 패턴이 플랫폼 패턴이지만 이 책에서는 이것을 더욱 세분하여 나누고 있습니다. 흔히들 기존의 플랫폼 패턴 공부를 할 때 세력봉 이후 주가가 옆으로 횡보하는 것을 고가놀이, 세력주라고 부르며 공략준비를 하라고 하고 있지만 뭉뚱그려서 전부 설명하겠습니다. 이 책에서는 이를 더욱 세분화하여 세력봉 이후 주가가 단봉으로 서서히 올라가는 것을 플랫폼 패턴으로 분류하여 공부하도록 하겠습니다.

플래폼 패턴은 주가가 꼭대기로 올라가기 전 마지막으로 통과해야 하는 계단 같은 모습을 하고 있습니다.

　　그러면 플랫폼 패턴에 대해서 실전차트를 통해 배워보도록 하겠습니다.

플랫폼 패턴 제대로 공략하기

차트1

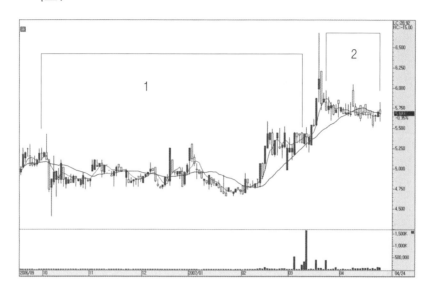

이 종목은 평소에는 거래량이 적습니다. 그래서 시장에서 소외되기 쉬운 종목이고, 급등을 히더라도 많은 개인투자자들이 달라붙어 매매하기 어려운 종목입니다. 어떤 투자방법을 가지고 있든 보편적인 투자 방법을 구사하는 투자자라면 일단 버려두고 있는 종목이라 할 수 있습니다. 금액이 투자자라면 매매할 엄두도 내지 못하는 종목이라 할 수 있겠죠.

그러나 금액이 크지 않은 차트매매자라든가 캔들매매자라면 급소가 탄생했을 경우 무리 없이 매매할 수 있을 것입니다. 단, 투자금액이 적더라도 이런 종목에는 많은 금액을 투자하지 않는 것이 정석입니다. 기본적으로 다 아시겠죠. 모르면 이 책 처음부터 다시 읽으세요.

1번 구간을 살펴보면 주가가 거래량이 없이 완만하게 옆으로 횡보하면서 흘러가고 있는 모습입니다. 거래량이 적긴 하지만 누군가는 매매를 하고 있습니다. 그러나 우리가 건드릴 구간은 없죠.

1번 구간 끝부분에서 주가가 일시 하락을 하더니 4천원대의 주가가 5천원대까지 상승하고 있는 모습입니다. 그리고 어디서 생겨났는지 거래량이 급증하면서 주가가 단기간에 쭉 올라가고 있습니다. 그러다 바로 하락합니다. 2번 구간이 주가 급등에 따른 조정구간입니다. 1번 구간에서 주가가 상승할 때 매매하지 않았다면 매수급소 없이 그냥 평범하게 흘러가는 종목이라 할 수 있습니다.

차트2

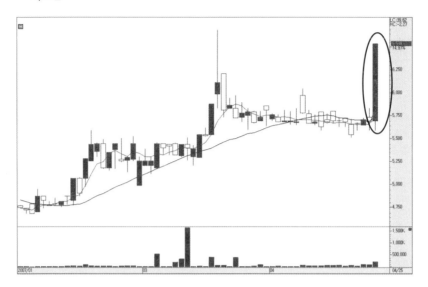

그냥 거래량 없이 횡보를 하거나 하락했을 가능성이 높은 종목이었
는데 오늘 갑자기 상한가가 나왔습니다. 앞의 윗꼬리가 긴 전고점 캔
들을 내일이면 돌파할 수 있는 모습입니다.

그러나 이상하게도 거래량이 크게 늘지 않았습니다. 전고점을 돌파
하려는 종목이라면 지금 시점에서 상한가가 나올 때 거래량이 대량으
로 터져줘야 하거든요. 그런데 거래량이 적습니다. 이 점이 조금 불안
하긴 하지만 그래서 상한가가 나왔으니까 주목할 종목이 된 것입니다.
주가의 위치가 뭔가 일을 낼만한 곳입니다.

차트3

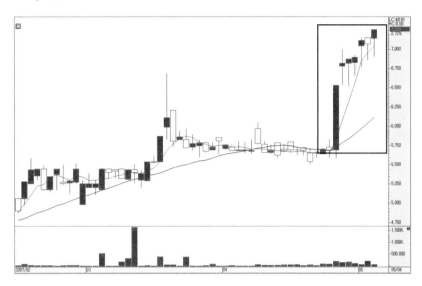

그런데 다음날 갭상승 출발해서 올라가지는 못하고 상한가 위에서 주가가 멈춥니다. 차트급소가 나왔습니다. 조금 더 자세히 확대해서 해석하도록 하겠습니다.

차트4

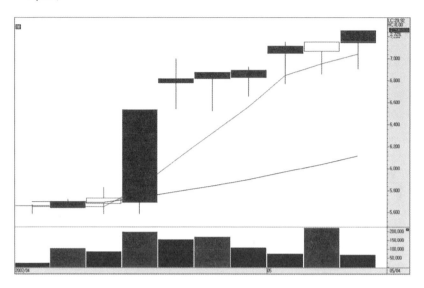

상한가가 나왔습니다. 그리고 갭상승 캔들이 나왔습니다. 갭상승 종목 공략하는 법을 앞에서 배웠죠. 그래서 그 다음날 공략을 하려고 했더니 주가가 장대양봉으로 올라가지는 않고 옆으로 횡보합니다. 그런데 주가가 조금씩 올라요. 그리고 단봉의 캔들 모습이 어떤가요? 매일 조금씩 상승을 하는데 전부 캔들 밑에 꼬리가 달려 있습니다. 기다리다 지친 물량이 나오면 세력이 장중에 거둬갑니다. 시가는 종가보다 조금 높게 출발을 시키고 장중에 물량이 나오면 거둬갑니다. 그러면서 주가를 서서히 상승시킵니다. 이런 모습을 일명 '플랫폼 패턴'이라고 합니다. 플랫폼 패턴의 특징은 장대양봉이 탄생하고 단봉의 캔들의 옆으로 나란히 횡보를 하거나 서서히 상승하는 겁니다.

　누가 봐도 세력이 주가를 관리하는 것이라는 것을 알 수 있지만 실전에서는 매우 불안한 차트입니다. 옆으로 계속 횡보를 하니까 막상 매수를 하려다 보면 내일 뚝 떨어질 것 같은 불안감을 가지고 있는 패턴이기도 합니다. 그래서 플랫폼 패턴은 종종 나타나지만 돈을 벌었다는 투자자는 많지 않은 것이 사실입니다. 플랫폼 패턴은 불안 심리를 이겨내야만 돈을 벌 수 있습니다.

　만약 이런 종목이 발견해서 매수를 하려고 하는데 막상 불안하다면 조금만 먹는 전략으로 주가 상승 당일에 공략하는 것이 좋습니다.

차트5

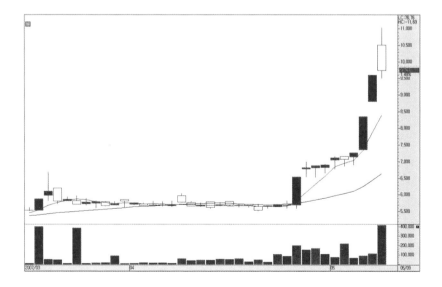

올라가죠. 주가가 쭉 올라가다 보니까 앞의 윗꼬리 달린 전고점은 작아 보입니다. 그리고 상한가 이후 플랫폼 패턴이 얼마나 먹기 좋은 패턴인지 확인이 됐을 것입니다.

사실 플랫폼 패턴은 언제 세력이 올리는 날인지 알 수 없기 때문에 기다렸다가 세력이 주가를 움직일 때 한 입만 먹고 나온다는 전략으로 공략하는 것이 좋습니다. 그러다 이 종목처럼 상한가에 진입을 하면 그냥 들고 가는 겁니다. 다음날도 상한가가 나왔으니까 그냥 또 먹는 거죠.

실전에서 플랫폼 패턴처럼 눈에 보이는 좋은 캔들급소도 흔하지 않으니 플랫폼 패턴이 나오면 꼭 공략대상 종목으로 선정하고 매매를 해보시기 바랍니다. 이런 종목을 잘 공략할 줄만 안다면 계좌에 돈이 쌓이는 것은 시간문제입니다.

플랫폼으로 전고점 돌파 종목 공략법

차트1

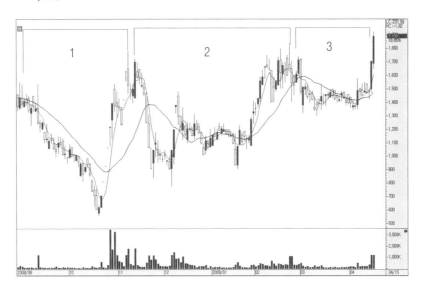

이 종목은 상당히 변화가 심한 종목입니다. 1번 구간은 주가가 급격히 하락합니다. 하락 기울기가 상당히 큽니다. 그런데 주가가 바로 급반등을 하는데 점상한가로 급등을 합니다. 기울기가 크다고 생각했던 하락추세를 단숨에 만회하고 있는 모습입니다. 대주주가 변경되고 자원업체로 변신하면서 주가가 급등하고 있는 것입니다.

하락추세에 견디다 못해 매도한 투자자라면 땅을 치고 후회했을 것입니다. 그러나 저런 하락세에 보유 주식을 매도하지 않고 보유하고 있다는 것은 결코 쉬운 일이 아닙니다. 어쨌거나 1번의 급등세는 하락 전의 가격대를 완전히 회복시키고 있습니다. 그리고 2번 구간을 살펴보면 주가가 다시 하락합니다. 그리고 횡보구간을 거쳐 2번 구간 끝에서 다시 반등하고 있습니다. 그리고 3번 구간을 살펴보면 하락을 하는데 저점에 높아진 구간에서 횡보를 합니다.

주가가 상승을 하고 하락한 다음 횡보, 그 다음 상승, 다시 하락, 횡보의 과정을 거치면서 주가는 점점 올라가고 있는 모습입니다. 그러다 어제 상한가가 출현했습니다. 그리고 오늘 주가가 상한가까지 올라갔다가 약간 밀리면서 윗꼬리가 달린 장대양봉이 나왔습니다.

차트2

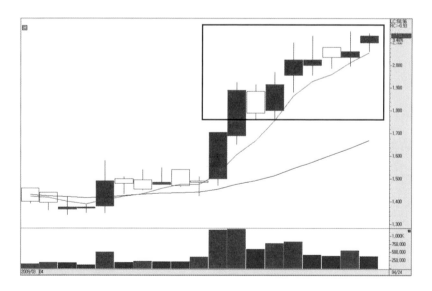

차트를 확대했습니다. 주가가 20일선을 타면서 횡보하다가 상한가가 나옵니다. 그리고 2번째 상한가가 나오는가 했는데 고점에서 약간 밀리죠. 그리고 그 다음날 음봉이 나옵니다. 음봉 공략이 가능한 급소가 탄생했죠. 그런데 그 다음날 공략하려고 보니 음봉의 몸통만 덮는 양봉이 나왔습니다. 이때까지 차트를 보면 2번째 장대양봉의 몸통 절반을 훼손하지 않고 있습니다. 2상한가의 패턴이 적용됩니다.

그런데 이 종목은 주가가 단봉의 형태로 조금씩 올라가고 있습니다. 전형적인 플랫폼 패턴이 나오고 있는 것이죠. 상한가, 장대양봉에 들어온 세력이 이탈하지 않고 다시 주가를 끌어올리려고 준비를 하고 있는 것이죠. 거래량을 터뜨리면서 강하게 주가를 올린 후 거래량은 줄어들고 있습니다. 들어온 세력이 아직 이탈하지 않은 것이죠. 이탈을 했으면 주가가 저렇게 움직일 수 없는 겁니다. 세력이 없고 개인의 매수세로 만든 주가상승이라면 저런 식으로 올라가는 것은 매우 힘듭니다. 누군가 주가를 관리하기 때문에 저런 차트가 나오는 겁니다. 주가를 관리하는 세력이 없이 개인들이 치고받는다면 저런 차트는 만들어질 수 없습니다.

그러면 세력이 주가를 관리하고 있다고 판단했다면 공략준비를 하고 있어야죠. 미리 조금씩 선취매를 해도 좋구요. 손절가를 지킬 줄 안다면 분할매수도 가능합니다. 한 숟가락 먹고 나오실 분은 세력이 올려주기를 기다리기만 하면 됩니다.

역시 주가를 올려주죠. 플랫폼 패턴의 전형적인 모습이라 할 수 있습니다. 그러니까 실전에서 이런 종목을 발견하면 놓치지 말고 공략을 해야 하는 것이죠. 이런 종목을 놓치지 말고 매수해서 수익을 극대화해야 하지요.

이 종목은 고가놀이를 할 때 단봉이 전고점 위에서 놀고 있습니다. 전고점까지 주가를 단숨에 올리고 서서히 주가를 올리면서 나오는 물량을 소화시켜 주고 있습니다.

플랫폼 패턴은 실전매매에서 자주 나오지는 않습니다. 그렇다고 아주 없지도 않습니다. 가끔 발견하는 정도인데 다른 캔들매매법하고 병

행해서 발굴하면 심심하지 않게 매매하면서 수익을 올릴 수 있을 것입니다.

이 종목이 이후 어떻게 됐나 볼까요.

차트4

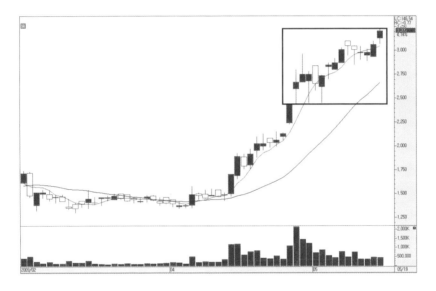

플랫폼 패턴 이후 다시 고가놀이를 또 하고 있습니다. 아직 세력이 이탈하지 않은 겁니다. 다시 매매해도 되겠죠. 그런데 이미 주가가 고가이기 때문에 매매하기는 불안합니다. 그래서 하지만 이 종목에서 수익을 낸 상태이고 고가놀이가 계속 진행되고 있는 종목이기 때문에 투자금액을 조금 줄여서 다시 매매해도 좋겠고. 투자금액이 그대로라고

해도 한 숟가락 정신만 가지고 있다면 충분히 수익이 가능한 종목이라
할 수 있습니다.

　2차 고가놀이 이후 주가가 어떻게 됐는지 살펴볼까요.

차트5

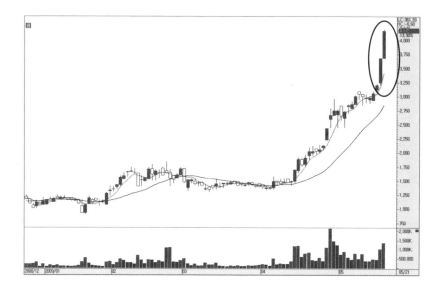

　역시나 주가를 또 올려주고 있습니다. 거래량이 터지면서 주가를 올
려줄 때 세력과 같이 따라 들어가면 됩니다. 2일 연속 올렸으니까 한
숟가락만 먹고 안 팔아도 됐겠죠. 급소 이후 진행되는 매도시점은 실
제 상황을 보면서 자신만의 노하우로 매도점을 잡아야 한다고 했습니
다. 기본적인 손절하는 방법은 나중에 기회가 되면 배울 것인데 실전

에서 수익점은 본인의 매매노하우로 잡는 것이 좋습니다. 이것은 책으로 설명할 수가 없어서 그래요. 그러니까 여러분이 이 책만 읽고 이러니 저러니 하지 마시고 실전에서 자신만의 노하우가 쌓일 때까지 해보셔야 합니다.

꼭 이런 거 안 하고 책만 읽는 분들이 매매법을 평가합니다. 실전에서 돈도 못 벌면서 아는 건 있어 가지고 뭐라 한마디합니다. 제가 뭐라고 했죠? 중요한 것은 매매법이 아니라 실전에서 돈을 버는 것이라 했습니다. 돈을 벌어야 그것이 나의 매매법이 되는 것이죠.

아무리 고수들이 돈을 버는 매매법이라고 해도 자신이 그 매매법으로 돈을 벌지 못한다면 쓸모없는 매매법이고, 돈을 잃는다면 독이 되는 매매법이 되겠죠. 그래서 자신에게 쓸모가 있는지 돈이 되는지를 알기 위해서 꼭 연습을 해보라는 겁니다. 해보지 않으면 아무 소용이 없다는 것을 모르는 투자자들이 많아요.

이 책처럼 자세히 설명을 해도 한계가 있습니다. 그렇기 때문에 이 책은 길을 가르쳐주는 역할만 하는 것이고, 길은 여러분이 걸어봐야 한다는 것입니다. 무슨 말인지 아시겠죠. 모르시겠다고요? 그런 분들은 강원랜드로 출발! 아니면 주식투자로 돈 잃고 깡소주 비우지 말고, 애들 맛있는 거나 사주세요. 그게 남는 겁니다.

주가가 장중에 하락하면 밑에서 저가 매수세가 들어와 특정 가격대를 연속으로 지지해주고 있습니다. 이유가 뭘까요? 이 종목을 끌어올린 세력이 아직 있다는 것입니다. 고점에서 주가를 지지하는 이유는 단 하나입니다. 바로 다시 주가를 끌어 올리려고 하는 것이지요. 상승 확률 높은 종목인 것이죠. 앞의 상승에서 돈을 벌었든, 지금 봤든, 다시 기회가 생긴 것입니다.

chapter 6

실전 캔들 분석법

특정 세력가 지지 패턴

차트1

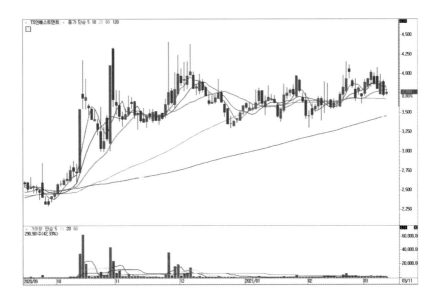

이 종목은 먼저 시세를 준 종목이죠. 2천원대에서 주가가 상승하여 4천원대까지 올라갑니다. 100% 정도 상승한 이후 주가는 더 이상 오르지 못하고 횡보합니다.

100% 상승한 종목이 크게 하락하지 않고 고가에서 버티고 있습니다. 주가가 한 단계 업그레이드된 것이죠. 이럴 경우 다시 재료가 나온다면 주가가 추가로 상승할 확률이 높습니다. 하지만 아직은 아니죠. 장중 단기매매는 가능하나 큰 변화 없이 현 상태를 유지하고 있기 때문이죠.

차트2

그런데 갑자기 횡보하던 차트에 양봉이 생기더니 장대양봉까지 나오게 됩니다. 위꼬리가 생겼지만 오늘이죠. 바로 극복해주는 양봉이 나옵니다. 이제 볼만한 종목이 된 것입니다.

어떻게 생각하면 이미 시세를 준 것이죠. 시세를 놓친 것입니다. 그러나 갑자기 상승한 것이기 때문에 전문 선수들 아니면 접근하기 어려웠을 것입니다. 동학개미들이 접근할 수 있는 상승은 아니라는 것이죠.

그러면 여기서 끝일까요? 맞습니다. 더 이상 올라가지 못하면 끝인 것이죠. 그러나 추가로 상승한다면? 얘기는 달라집니다.

특히 오늘 위꼬리를 극복한 상태이기 때문에 추가로 상승을 노릴 수 있습니다. 위꼬리 극복은 매물을 소화했다는 것인데 왜 그랬을까요? 이유는 다음 주가 모습에서 확인할 수 있습니다.

차트3

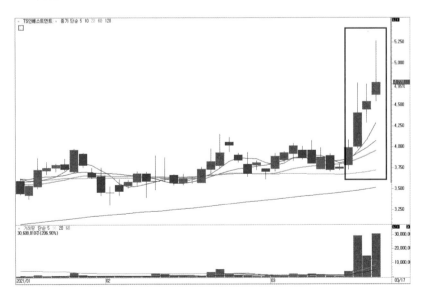

또 올라가죠. 장대양봉이 나왔는데 위꼬리가 생겼습니다. 위꼬리는 매물이죠. 그런데 다음날 위꼬리를 극복하는 양봉이 나옵니다. 매물 극복 양봉이죠. 매물을 왜 먹었을까요? 주가를 끌어올리기 위해서죠. 바로 오늘 주가가 상승합니다.

오늘 나온 양봉은 이 정도의 상식이 있었다면 선수들뿐만 아니라 단기매매를 하는 일반 투자자도 접근할 수 있었을 것입니다.

그런데 오늘 나온 양봉이 위꼬리가 길죠. 여기서 수익이 갈립니다. 누구는 주가 상승 전에 매수하여 고점에 매도할 수 있었을 것이고, 누구는 고점에 매수하여 손실이 났을 수도 있었을 것입니다. 여기서 승패가 갈리는 것이죠. 분명 오늘 큰 시세를 주었지만 수익률은 투자자의 매매 시점에 따라 달라집니다. 그렇다고 꼭 고수만 돈을 벌고 나오는 것은 아닙니다. 초보라도 저점에 매수하여 고점에 매도하였다면 수익을 얻었을 것이죠. 이는 개인의 역량과 운도 따라야 합니다. 그러니 초보라고 꼭 실망할 필요는 없습니다.

차트4

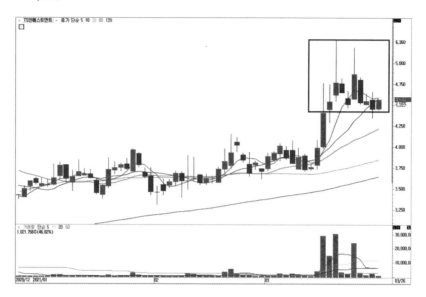

　　위꼬리가 긴 장대양봉 이후 주각 더 이상 오르지 못하고 밀립니다.
그런다고 계속 밀리는 것은 아니예요. 하락한 후에는 재반등에 성공하
지만 전고점은 넘어서지 못하고 있습니다.

　　그리고 다시 주가가 밀리죠. 그런데 보면 주가가 첫 번째 만들어진
장대양봉은 깨지 않고 있습니다.

　　오늘 주가를 볼게요. 첫 번째 장대양봉의 몸통을 깨지 않으려는 모
습을 보이고 있습니다. 누군가 주가를 관리하고 있다는 것이죠. 이 종
목을 상승시킨 선도 세력이 주가 하락을 막고 있습니다. 아직 상승 파
동이 남아 있다는 겁니다.

차트5

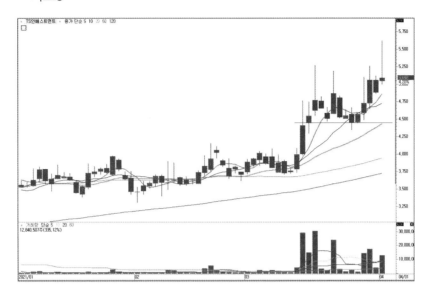

역시 올라주죠. 이번에는 전고점을 깨고 주가가 상승합니다. 처음 끌어올린 주가가 훼손하지 않는 모습이 누군가 주가를 관리하고 있다고 판단했었습니다. 주가를 다시 끌어올린 모습을 보니 그 예측이 맞았습니다.

이렇게 주가가 어떻게 흘러갈 것이라고 예측을 한 후 주가가 그대로 흘러간다면 매매를 해서 수익을 올리면 됩니다.

물론 실전에서 얼마의 수익을 낼지는 모릅니다. 그건 개인 투자자의 역량이죠. 하지만 이런 종목을 찾아낼 수 있다면 어느 순간 돈을 벌고 있는 자신을 발견할 수 있을 것입니다.

차트6

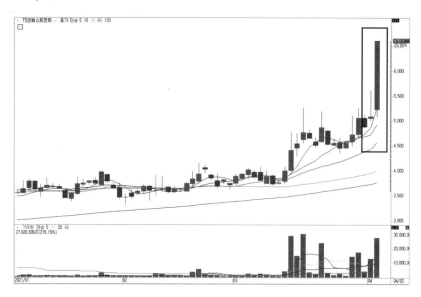

　와! 상승이 어제 끝났줄 알았는데 오늘 진짜 상승이 나왔습니다. 상
한가입니다.

　첫 장대양봉을 만든 세력은 여기까지 계획하고 있었던 것입니다.

　이런 종목을 실전에서 찾아낼 수 있다면 수익은 그대로 여러분의 계
좌에 꽂힐 겁니다. 이때까지 꾸준히 노력해야겠지요.

　여러분도 주식으로 돈을 벌 날이 멀지 않았습니다. 그때까지 노력합
시다.

호가창

    호가창입니다. 상한가의 위력이 보이시나요. 호가 위로 매도 잔량이 없습니다. 매수 잔량만 59만 주가 쌓여 있습니다. 매수하고 싶어 안달 난 물량이 59만 주라는 것이죠. 이 종목을 매수한 투자자는 최대한 수익을 즐기시고 다음 또 종목을 찾아 움직이면 됩니다.

강력 세력주 지지패턴

차트1

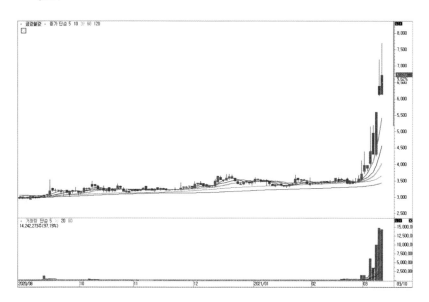

이 종목을 살펴보겠습니다. 주가가 완만히 상승하다가 재료가 터지면서 갑가지 급등을 하죠. 3천원대의 주가가 단숨에 7천원을 돌파합니다. 순식간에 100%의 상승을 보여주면서 이 종목을 매수한 투자자에게 큰 수익을 안겨줍니다.

그런데 7천원을 돌파한 이후에는 주가가 더 이상 올라가지 못하고 힘겨워하고 있습니다. 오늘도 보면 주가가 상승 시도를 하면서 장대양봉을 만들지만 위꼬리가 생기면서 밀리고 있습니다. 더 이상의 상승은 부담스러워하고 있지요.

차트2

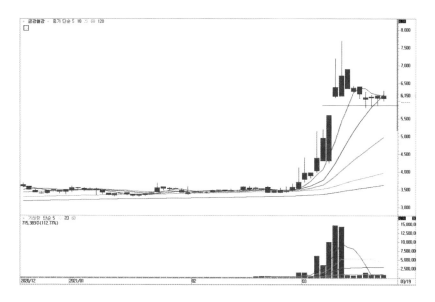

상승이 부담스러우면 주가는 하락하게 되어 있습니다. 차익욕구가 나오기 때문이지요. 그러면 주가는 하락하겠죠. 이 종목도 주가가 하락 하는게 정상입니다. 그런데 주가가 하락하는 듯 싶더니 6천원대는 안 깨고 지지해주고 있습니다. 특정 가격은 지지해주고 있는 모습입니다.

주가가 장중에 하락하면 밑에서 저가 매수세가 들어와 특정 가격대 를 연속으로 지지해주고 있습니다. 이유가 뭘까요? 이 종목을 끌어올 린 세력이 아직 있다는 것입니다.

고점에서 주가를 지지하는 이유는 단 하나입니다. 바로 다시 주가를 끌어올리려고 하는 것이지요. 상승 확률 높은 종목인 것이죠. 앞에 상 승에서 돈을 벌었든, 지금 봤든, 다시 기회가 생긴 것이죠. 놓치지 말 고 봐야 하는 종목이 된 것입니다.

차트3

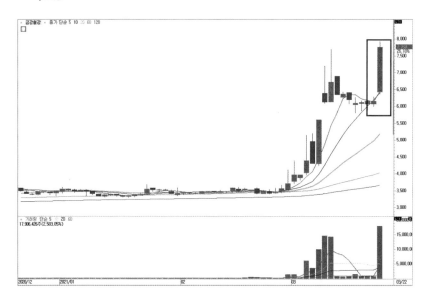

역시 상한가에 근접한 장대양봉이 나와 주었습니다. 밀 준비없이 갑자기 이 종목을 봤다면 놓쳤을 가능성이 높습니다. 만약 지금처럼 이 종목을 발굴하고 준비하고 있었다면 놓칠 일이 없겠죠. 일단 이 종목에서 수익을 올릴 가능성을 높일 수 있다는 것만으로도 성공투자에 한 걸음 다가선 것입니다.

준비된 종목과 갑자기 본 종목은 당연히 수익에서 차이가 있지 않을까요?

차트4

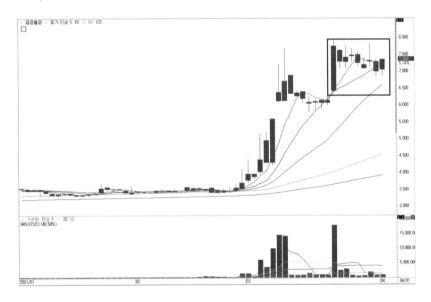

자, 그런데 여기서 끝나면 섭섭하죠. 여기서 수익을 얻은 투자자도 있을 것이고, 발굴은 했지만 매매를 못한 투자자도 있을 것입니다.

장대양봉 이후 주가 흐름을 다시 볼까요? 주가가 더 이상 올라가지 못하고 밀려 내려가고 있습니다. 매매를 하면 안 되겠죠. 장대양봉 다음날 주가를 더 끌어올려 줘야 강한 종목인데 더 이상 올려주기 못하고 바로 하락합니다. 보통 장대양봉 다음날은 주가 변동이 있기 마련인데 전혀 없고 그냥 주가가 하락합니다.

이후 주가가 서서히 내려갑니다. 장중 짧은 단기매매 외에는 접근하기 어렵습니다.

그런데 오늘 주가를 볼게요. 5% 정도 상승해줍니다. 주가 하락이 양봉을 완전히 훼손하지 않고 오늘 주가를 상승시켜줌으로써 시세를 살려놓고 있습니다. 차트로 보면 무너지지 않고 버티고 있는 모습입니다.

아까 뭐라고 했죠. 장대양봉이 나온 다음날은 주가가 변동이 있다고 했는데 없었죠. 그러니 파동이 한 번 나올 수 있는 것이죠. 주가를 다시 살려낸 지금이 바로 그 순간인 것이죠.

단 여기서 가장 중요한 것이 있죠. 바로 거래량입니다. 아직 거래량이 없어요. 내일이라도 거래량이 실리며 주가가 상승한다면 공략이 가능합니다.

차트5

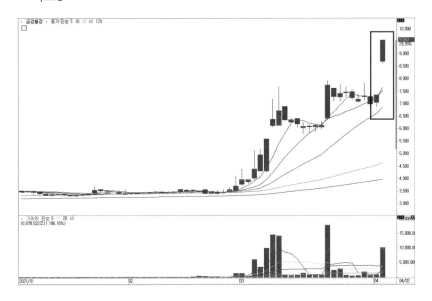

　　오늘 상한가입니다. 바로 갭상승으로 출발하여 바로 상한가로 직행
합니다. 거래량도 무섭게 터지죠. 매수했다면 큰 수익을 얻을 수 있었
을 것입니다.

　　그러나 갭상승 출발했으니 쉽게 접근하지 못한 투자자들이 많이 있
었을 것입니다. 상승 후 바로 치고 올라가는 종목은 노련한 트레이더
들의 몫이거든요. 초보투자자들이 접근하기 어려운 구간이죠.

　　이 종목에서 누가 어떤 수익을 냈는지 알 수 없습니다. 초보투자자
입장에서는 종목을 발굴해놓고도 갭상승 모습에 쳐다만 봤을 수도 있
습니다.

그러나 중요한 것은 이런 종목을 발굴할 수 있는 능력인 것입니다. 다음에 갭상승하지 않고 출발하는 종목도 나올테니 그 종목으로 수익을 얻으면 되는 것이죠.

　　이런 종목을 발굴할 수 있는 능력이 있다면 종목은 언제든지 찾아오니 서두를 필요가 없습니다.

호가창

　　호가창을 볼게요. 상한가입니다. 호가 맨 위에 36만 주의 물량이 쌓여 있습니다. 그 종목을 보유한 투자자들이 가장 기분 모습이 바로 이렇게 상한가의 모습이 아닐까요. 내가 산 종목이 상한가라면 생각만 해도 신이 나지요.

이 종목은 놓쳤다 하더라도 이런 종목을 잡기 위해 지금부터라도 노력해 봅시다.

장대양봉 몸통 시지패턴

차트1

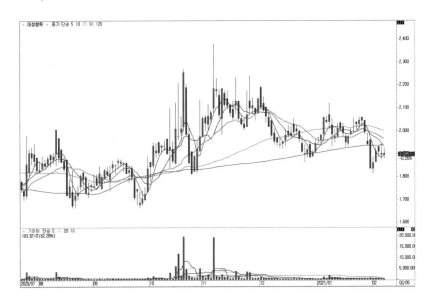

이 종목을 살펴보죠. 현재 주가 모습은 어떤가요? 차트의 변동이 크죠. 그런데 추세적인 흐름은 보이지 않고 있습니다. 추세를 살려나갈 호재는 없다는 것이죠. 짧은 상승 파동 이후 주가가 하락하고 있는 모습입니다. 그리고 저가주라 장중 변동성이 큽니다. 장중 단타매매가 성행하고 있다는 것이죠.

그런데 최근에는 그마저도 없습니다. 주가가 횡보하다 오히려 하락하고 있습니다. 차트 전체를 보면 주가가 상승했다가 다시 제자리로 돌아오고 있습니다. 한 차례 시세 파동이 마무리되고 있다는 것이죠.

차트2

주가가 잠잠할 즈음 갑자기 상한가가 나옵니다. 이거는 정말 알 수 없는 상한가죠. 요즘 상한가 나오기가 힘든데 상한가가 나왔다는 것은 강력한 호재가 발생했다는 말입니다. 주가를 상한가로 올릴 만큼 강력한 재료가 나왔다면 비록 오늘 상한가는 놓쳤다 하더라도 지켜볼만 합니다.

차트3

상한가 다음날 주가가 갭상승 출발하면서 장중 시세를 줍니다. 그런데 더 이상 올라가지 못하고 주가가 밀리죠.

주가가 조금 버티는가 싶더니 이내 하락하기 시작합니다. 계속 하락하던 주가가 하락을 멈추는데, 멈추는 지점을 보세요. 상한가 몸통의 절반입니다. 그리고 더 떨어지지 않아요. 주가가 떨어지려면 더 떨어질 수 있는데 상한가 몸통 절반을 이탈하지 않는 것은 누군가 주가를 관리하고 있다고 볼 수 있지요. 하지만 이것으로는 심증만 가질 뿐입니다.

그런데 이후 주가는 연속 지지되는 모습이지요. 그것도 양봉이 몰리면서 지지를 해주고 있습니다. 주가가 하락하려고 하면 매수세가 유입되면서 바닥 확인을 해주고 있습니다. 특정 가격대는 깨지 않고 관리하고 있는 것이죠.

주가를 관리하고 있는 이유는 단 하나, 다시 주가를 끌어올리려고 하는 것이죠. 그러나 이런 모습을 하고 있다고 모든 종목이 상승하는 것은 아닙니다. 이것은 예상이지 확인된 것은 아니니까요.

예상이 맞는 것은 언제 확인할 수 있죠. 바로 거래량이 터질 때입니다. 거래량이 터지면서 주가가 올라가면 확신을 가지고 매매에 나서는 것이죠. 그래서 거래량이 터질기 전 매수를 하는 것은 조금 위험할 수 있습니다.

아무 종목이나 매매하는 것보다 이처럼 확률 높은 종목을 찾아 매매 준비를 하는 것이 훨씬 수익에 도움이 됩니다.

차트4

올라가네요. 이미 바닥을 확인하고 지지구간에서 양봉이 밀집하는
모습이 의미가 있었죠. 우리가 할 일은 이런 종목을 발굴해서 거래량
이 터질 때를 기다리는 겁니다.

이것만 숙달되면 수익은 지절로 따라옵니다.

차트5

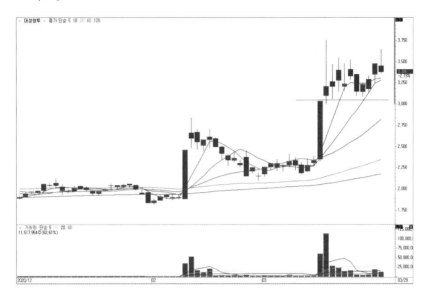

주가가 상한가가 나왔다가 하락하고, 지지를 받고 다시 상한가가 나왔습니다. 두 번째 상한가는 우리가 노릴 수 있는 상한가였죠. 그런데 두 번째 상한가가 나오고 다음날 주가가 상승했다가 밀립니다. 이 정도면 시세를 마무리할 수도 있는 상황인 것이죠.

그런데 보세요. 주가가 하락하지 않고 고점에서 움직이고 있습니다.

이번에는 두 번째 상한가 고점을 깨지 않고 위에서 움직이고 있습니다. 첫 번째 상한가보다 훨씬 좋죠. 첫 번째 상한가보다 주가가 훨씬 비싸졌음에도 불구하고 고점에서 주가가 움직이고 있습니다. 강한 세력이나 호재가 있다는 것이죠.

상한가 한 번 먹고 다른 종목으로 옮기려고 하는데 이 종목이 안 빠지고 버틴다면 상한가를 만든 세력이 아직 남아 있음을 인지하고 다시 공략해야 하는 것이죠. 한 번 냄새 맡은 종목은 끝까지 먹어야죠.

차트6

다시 올라가고 있습니다. 두 번째 상한가 이후 고점에서 주가가 움직였는데 이렇게 지나고 보니 상승 후 숨고르기였네요.

첫 번째 상한가는 놓쳤지만 이후 공략점부터 수익이 100% 가까이 됩니다. 잘 나가는 종목은 먹을 구간이 많다는 것이죠.

첫 번째 상한가 이후 주가가 비싸다고 포기하고, 주가가 조정 나오니 끝났다고 포기했다면 이후 100% 가까운 수익을 올릴 수 없었겠죠.

초보 투자자들은 자신이 봤던 주가보다 조금만 올라도 비싸다고 매수를 하지 못하고 있습니다. 앞으로 100% 이상 오를 종목인데 10% 올랐다고 비싸다고 매수를 안 합니다. 저점에서 10% 올랐다 하더라고 앞으로 100% 수익을 올릴 가능성이 있다면 매수를 해야죠. 그래야 주식시장에서 돈을 벌 수 있습니다.

바닥 탈출 세력주

차트1

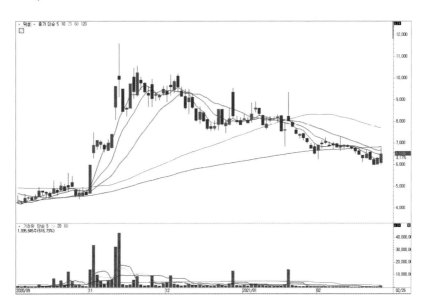

이 종목은 앞에 큰 시세를 주었네요. 단기간에 100% 정도 주가 상승이 이뤄졌습니다. 100% 상승 이후가 문제입니다. 주가가 더 이상 올라가거니 횡보하지도 않고 하락하고 있습니다. 주가 상승을 보고 추가 상승을 노리고 매수에 가담한 투자자라면 손실로 이어졌을 것입니다.

10일 정도 상승하고 3개월을 내리 하락하고 있습니다. 역시 주식은 주가가 상승할 때만 빠르게 공략하고 빠져나와야 되는 것 같습니다.

3개월 정도 하락하면서 주가가 거의 상승 전 제자리로 돌아가고 있습니다. 오늘 주가를 살펴보면 양봉은 나오고 있으나 지금이 확실히 저점인지 알 수 없습니다.

차트2

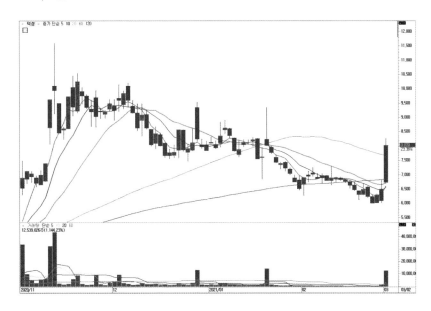

오늘 20% 이상 상승하면서 장대양봉이 나왔습니다. 어제까지는 이 종목이 상승할지 알 수 없었죠. 전혀 예측할 수 없는 구간이었습니다. 그런데 오늘 갑자기 장대양봉이 나왔어요. 장중에 붙지 않는 이상 잡을 수 없는 양봉이었습니다.

차트를 보면 3개월 정도 하락하던 주가가 이제는 하락을 멈추고 상승 전환한 모습입니다. 100% 상승한 종목이, 충분한 조정을 가졌기에 추가 상승도 기대할 수 있습니다.

차트3

또 올라주네요. 기술적으로 보면 양양패턴이죠. 양봉이 연속 2개가 나왔지만 오늘 양봉은 물량 소화 캔들이라 볼 수 있겠죠. 3개월간 조정이었기에 바로 주가를 끌어올리기는 무리일 수 있습니다. 왜냐하면 3개월 동안 하락하면서 수많은 투자자들이 물려 있었겠죠. 매물이 겹겹이 쌓여있을 거란 말이죠.

그래서 주가를 바로 끌어올리기보다 오늘처럼 조정 캔들이 만들어지면 좋은 모습이라 보면 되겠습니다. 그리고 오늘 단봉의 캔들을 만들면서 어제 따라 들어온 단타세력의 물량까지 소화시켜 주는 것이죠.

그리고 오늘 거래량을 보세요. 어제 장대양봉과 비슷합니다. 많은 투자자들이 몰려들어 손바뀜이 일어나고 있는 것이죠. 이 정도면 여기서 상승을 멈추는 것이 아니라 추가 상승이 가능한 모습입니다. 우리는 이 종목을 발굴해놓고 내일도 거래량이 터지는지 확인하기만 하면 됩니다.

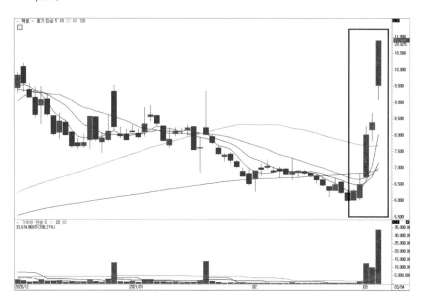

오늘 상한가가 나왔습니다. 어제 종목을 발굴한 투자자라면 오늘의 상한가는 문제 없이 잡았을 것입니다. 만약 준비 없이 장중에 거래급증 종목으로 찾았다면 망설이다 이 종목을 못 잡았을 수도 있습니다.

그러나 이 종목을 세팅해놓고 준비한 투자자라면 망설임 없이 과감하게 매수에 가담하여 수익을 올렸을 것입니다.

보통 이렇게 강한 종목은 빠르게 상승하기 때문에 조금만 망설여도 매수타이밍을 놓치는 경우가 허다합니다. 그러나 준비를 하고 있으면 빠르게 매수에 가담하여 수익을 올릴 수 있을 가능성이 높습니다.

준비를 하고 안 하고는 실전에서 수익으로 직결됩니다. 많은 단타

매매자들이 '순간 거래량 급증' 화면만 보고 매매에 가담하는 경우가 많은데, 정말 숙달된 투자자가 아니라면 그 화면으로 수익을 올리기 쉽지 않을 겁니다. 오히려 우왕좌왕하다 손실로 이어질 가능성이 더 큽니다. 그러나 종목이 준비되어 있으면 과감하게 접근하여 수익을 얻고 나올 수 있습니다. 그래서 공부를 하는 겁니다.

차트5

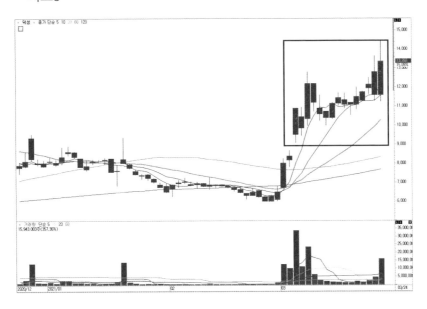

이번에는 상한가 이후 주가 흐름을 볼까요? 상한가 이후 주가가 더 상승하죠. 그리고 주가가 횡보합니다. 저점에서 주가가 100% 정도 상승한 종목이 하락하지 않고 고점에서 횡보합니다. 재료가 소멸된 경우 주가가 하락하는 것이 정상이죠. 그런데 이 종목은 하락하지 않고 횡보를 합니다. 그리고 최근 주가가 다시 상승하고 있습니다. 뭐죠? 재료가 소멸되지 않았고, 주가를 끌어올린 세력이 아직 남아있다는 것이죠. 충분히 추가 상승을 예측할 수 있겠죠. 매매 준비해야겠지요. 어떻게 됐는지 한번 볼까요?

차트6

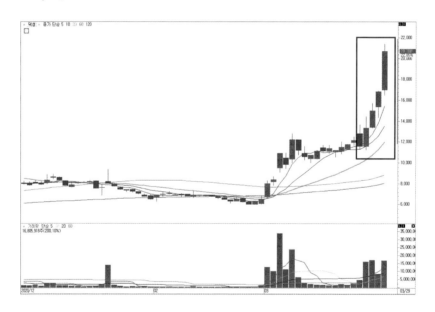

또 상승해줍니다. 양봉이 연속 4개가 탄생하면서 강력한 상승을 보여줍니다. 전체 차트를 보겠습니다. 6천원대부터 2만원까지 올라갔습니다. 주당 1만 4천원, 200% 이상 상승했습니다.

주가가 200% 상승하는 동안 구경만 하는 투자자들이 얼마나 많을까요? 그러나 이 종목을 급소에서 발굴하고 매매 준비를 한 투자자라면 200%의 수익은 다 올릴 수 없었겠지만 적어도 주가가 200% 이상 상승하는 동안 수익에서 소외되지 않았을 것입니다.

이렇게 종목을 발굴하고 한 종목, 한 종목 수익을 꾸준히 쌓아간다면 얼마나 많은 돈을 벌 수 있을까요? 실전에서 우왕좌왕 해봐야 500원짜리 동전 하나 건져낼 수 없습니다. 종목을 발굴하고 급소에서 노리는 전략, 지금 수익을 올리지 못하고 있다면 이 매매법에 도전해보십시오.

05

전고점 돌파 세력주

차트1

이 종목을 살펴보겠습니다. 주가가 큰 움직임이 없는 것처럼 보이지만 나름 변동폭이 있는 종목입니다. 3천원 초반에서 4천원 후반까지 주가가 움직였으니 변동성이 없는 종목이라 말할 수는 없겠죠. 그러나 5개월 정도의 기간에 주가 변화이니 큰 폭이라 말할 수 없을 것입니다. 그리고 주가 움직임이 지저분하기 때문에 이 종목으로 수익을 내기는 상당히 어려웠을 것입니다. 그런데 최근 며칠 사이 주가가 상승하려는 모습을 보여주죠. 바닥 탈출 모습을 보였는데 오늘 주가가 6% 하락하면서 이마저도 어려운 모습을 보이고 있습니다.

차트2

어제 6% 하락을 해서 다시 바닥으로 주가가 하락하는가 싶었는데 오늘 12% 상승이 나왔습니다. 차트를 보세요. 주가가 박스권 상단으로 진입했습니다. 앞의 고점을 바로 돌파할 수 있는 자리에 위치해 있습니다. 내일 주가가 한 번만 더 올라주면 바로 전고점을 돌파할 수 있을 것 같죠. 죽었던 주가가 살아난 것입니다.

차트3

오늘 강력한 상승이 나왔습니다. 엄청난 대량거래가 터지면서 전고점을 쉽게 돌파했습니다. 그러나 장중에 엄청난 시세를 주었음에도 불구하고 버티지 못하고 밀려 내려온 모습입니다. 시가 상승도 지키지 못하고 주가는 하락하여 마감을 했습니다. 장중에 들어갔다가 매도하지 못하고 그냥 들고 있었다면 손실을 입었을 종목입니다.

차트4

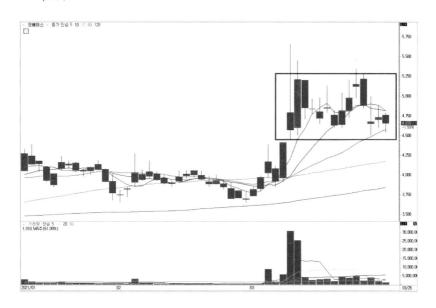

그런데 다음날 주가가 다시 올라갑니다. 장중에 갑자기 대량 거래가 터진 종목은 그냥 상승을 마무리하는 경우보다 며칠 동안 시세 게임이 벌어지는 경우가 많습니다. 데이트레이더들이 워낙 많기 때문에 변동성이 심해진 종목을 그냥 두지 않기 때문이죠.

그런데 시세를 마무리한 모습인데 주가가 빠지지 않죠. 고점에서 머물고 있어요. 만약 재료에 의한 단기 시세 파동이었다면 재료가 소멸

되면서 주가가 제자리로 돌아가야 되요. 그런데 이 종목은 고점에서 무너지지 않고 버티고 있습니다. 아직 시세가 남았다고 봐야겠지요.

최근 며칠 주가 흐름을 보겠습니다. 고점 하단에 주가가 내려왔지만 밑꼬리가 달리고 있어요. 하단을 깨는 것을 용납하지 않겠다는 것이죠. 이유는 아직 시세가 남았기 때문입니다. 문제는 언제 주가를 끌어올릴지 모른다는 것이죠. 그래서 관심종목에 세팅을 해놓고 거래가 터지는지를 관찰해야 합니다.

차트5

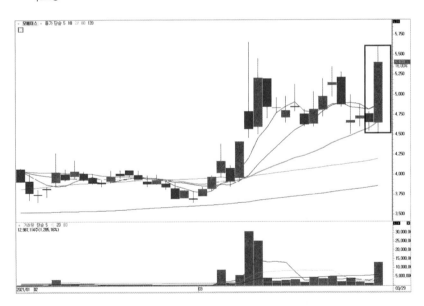

거래가 터지면서 주가를 끌어올립니다. 오늘 장대양봉은 강력한 상승이 아니기 때문에 장중에 움직이는 모습만 보고 공략했다면 짧은 수익이나 아니면 구경만 했을 가능성이 높습니다.

그러나 관심종목에 세팅해놓고 이 종목을 관찰하고 노리고 있었다면 오늘의 장대양봉에서 적지 않은 수익이 가능했을 것입니다. 준비한 투자자와 아닌 투자자의 차이는 실전에서 결과로 나타납니다.

06

박스권 돌파 후 세력주 패턴

차트1

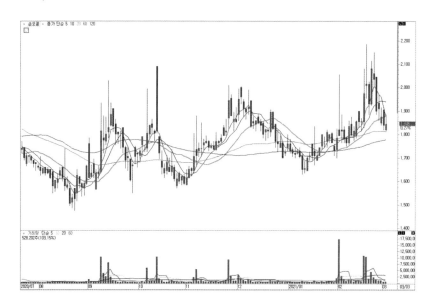

이 종목은 변동이 심하죠. 그래도 큰 그림으로 보면 박스권에서 움직입니다. 단기간만 보면 변동이 큰 종목이지만 큰 변동도 일정한 가격 안에서 움직이는 것이 보이죠.

주가는 움직이고 있지만 특정 가격대에서 벗어나지 못하고 있다는 것은, 기업가치가 그 안에 머물고 있다는 것이죠.

주가가 박스권에서 상단을 뚫고 올라가려면 기업가치가 한 단계 업그레이드되거나 강력한 호재가 있어야겠지요. 즉 매수세력이 진입해야 한다는 것입니다. 물론 반대로 박스권 하단을 이탈하려면 기업 가치를 훼손하는 악재가 있어야 겠지요.

이 종목은 일단 어디로 움직일지는 아무도 모릅니다. 일단 박스권 상단에서는 매도 하단에서는 매수로 대응하는 것이 가장 좋은 매매법이 되겠죠.

차트2

　　그런데 깜짝 놀랄 일어 벌어지네요. 주가가 박스권 상단을 돌파하고 있습니다. 일단 박스권 상단을 돌파한 모습을 살펴볼께요. 어떻죠? 장대양봉, 그것도 상한가로 박스권 상단을 돌파하고 있습니다. 박스권 상단은 매물입니다. 그 매물을 가장 강력한 장대양봉인 상한가로 돌파했으니 이 기업에 엄청난 호재가 나온 것이죠. 기업가치를 뒤흔들 강력한 재료가 나온 것입니다.

　　그런데 첫날 상한가에 끝나지 않습니다. 다음날도 상승하고 있어요. 비록 위꼬리가 달리기는 했지만 장중에 25% 정도 상승을 했습니다. 2일 동안 거의 55% 상승한 것이죠. 대단하지 않습니까. 기업의 주가가

286

단 2일 만에 50% 넘게 상승한 것이잖아요. 그렇다면 거기에 맞는 대형 호재가 있다는 말이죠.

차트3

주가가 2일 연속 상승한 이후 더 이상 올라가지 못하고 옆으로 횡보하고 있습니다. 그런데 변동이 심하죠. 주가가 고점이다 보니 재료에 의해 이리저리 출렁이고 있습니다. 일단 주가를 끌어올렸는데 방향성을 정하지 못하고 있다는 것이죠.

그러다 최근 주가 변동성이 잦아 들고 있습니다. 처음에 붙었던 단기 투자자들이 거의 떨어져 나간 거죠. 이렇게 되면 주가를 끌어올린 세력 입장에서는 좋은 것이죠. 주가를 제어하기 힘들었는데 이제는 단타 세력이 빠져나가 주가 조절이 가능해진 것이죠.

거기에 재료까지 아직 살아있다면 다시 주가를 끌어올릴 조건은 된 것이죠. 최근 1주일 주가 흐름도 안정적이고 살아있는 모습입니다. 주가를 다시 한번 끌어올릴 에너지가 응집했다고 봐야겠지요.

차트4

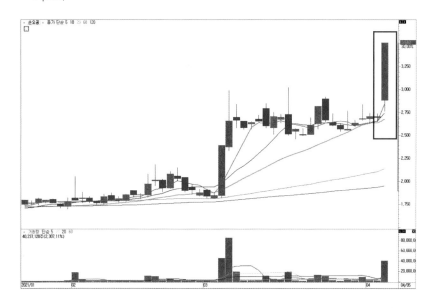

주가를 상한가로 올립니다. 우리가 다른 단타세력처럼 빠져나갔다면 오늘의 상한가는 구경만 했겠죠. 역으로 단타세력이 빠져나갈 때가 세력이 주가를 끌어올리기 좋은 구간이라 생각하고 공략 지점으로 잡

았다면 오늘의 상한가를 놓치지 않고 잡았을 겁니다.

호가창

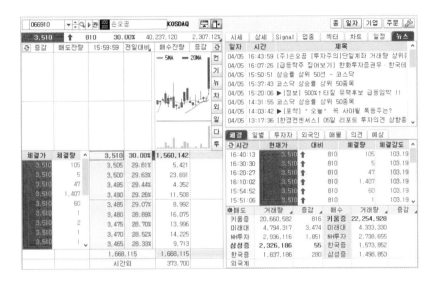

오늘 상한가로 진입한 호가창입니다. 30% 상승 호가창에 150만 주 정도 쌓여 있네요. 이 종목을 지금 내가 매수하고 있다고 생각해보세요. 얼마나 기분 좋겠습니까. '이 맛에 주식투자한다'라며 시원하게 맥주라도 한잔 마시지 않겠습니다.

돈 잃고 소주 마시는 것과 이렇게 상한가 잡고 맥주 마시는 것 중 어느 것을 선택하시겠습니까.

전고점 매수 타점 공략법

차트1

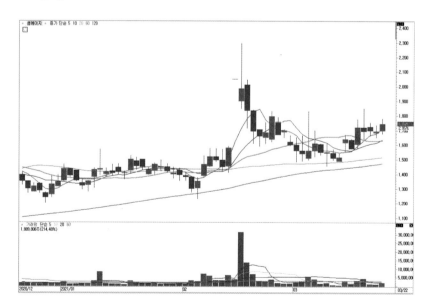

이 종목을 분석해보겠습니다. 주가는 거의 횡보하고 있죠. 그러다 갑자기 점상한가가 나옵니다. 점상한가는 큰 의미가 있습니다. 점상한가는 정말 쉽게 나오지 않거든요. 요즘은 상한가도 쉽게 나오지 않는데 점상한가라니, 정말 강력한 호재가 나왔다는 것이죠.

그런데 그 다음날이 문제네요. 점상한가인데 다음날 갭하락 출발합니다. 그러나 장중에 주가를 끌어올려 다시 상한가 도달의 희망을 품게 합니다. 하지만 장중 매물을 버티지 못하고 주가가 밀려 마감합니다. 이후에는 주가가 시세를 마무리하고 하락합니다. 거의 1개월 정도 하락하면서 상승 후유증에 시달리게 됩니다.

그런데 최근 주가 흐름이 좋아요. 주가가 하락을 멈추고 다시 상승하고 있죠. 물론 완만히 상승합니다. 그러나 바닥 탈출 신호로 읽기 좋은 상승입니다.

이 종목은 무슨 종목이죠? 점상한가가 나온 종목입니다. 끼가 있다는 것이죠. 이 정도 주가 조정 후 다시 반등하려는 모습을 보인다면 단타세력이 붙어 전고점까지 주가를 끌어올릴 수 있습니다. 그야말로 시세 게임이 가능한 차트란 것이죠.

차트2

반등 신호가 나왔고 주가가 진짜 상승해줍니다. 연속 양봉 2개가 나오면서 전고점까지 주가를 끌어올려 줍니다. 여기서 수익을 낼 수 있는 분들은 내는 거죠. 사실 이런 종목은 준비를 하고 있으면 먹는 거고 그렇지 않으면 공략하기 조금 힘들 수도 있는 모습입니다.

차트3

그런데 주가가 더 올라갑니다. 주가가 전고점까지 올라갔다면 뚫고 올라가는 종목도 있지만 그냥 무너지는 종목도 있거든요. 그래서 준비된 종목 아니면 접근하기 힘들지요. 이 종목은 전고점을 뚫고 올라가는 정도가 아니라 상한가로 마감을 합니다. 상당히 강한 종목이라는 것이죠.

앞에서 얘기했죠. 점상한가가 의미가 있다고. 강력한 재료가 있는 종목이기에 점상한가가 나올 수 있는 겁니다. 물론 추가 상승은 못했지만 그만큼 강력한 재료를 이 종목이 품고 있다는 것이죠. 언제든지 그 재료가 다시 나온다면 주가는 상승할 수 있는 에너지를 품고 있는 것이죠.

종목이 품은 에너지를 느낄 수 있다면 공략이 가능한 종목일 것입니다. 미리 선취매는 못 한다 하더라도 장중 주가가 거래량이 터지면서 움직일 때 따라 들어가는 매매가 가능한 것이죠. 물론 이는 많은 연습이 필요합니다.

차트4

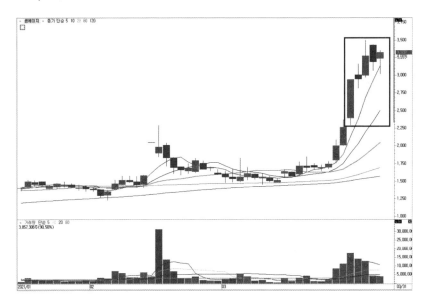

주가가 상한가 이후 계속 올라주죠. 물론 힘에 부치는 모습을 보이고 있지만 아직 시세를 다 하고 무너진 상태가 아닙니다. 여기서 무너질 수도 있지만 한 번 더 시세를 주고 무너질 수도 있는 것이죠. 여기

서부터는 앞의 상승보다 더 긴장하고 주가 흐름을 봐야 합니다.

차트5

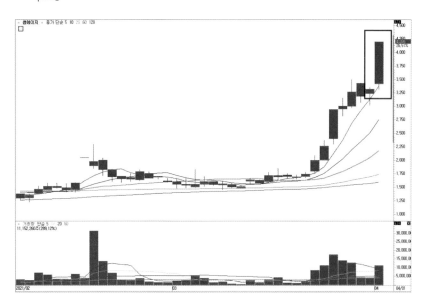

또 장대양봉이 나옵니다. 이미 저점에서 크게 상승한 종목이기 때문에 선취매나 공격적인 매매는 부담스러울 것입니다. 그러나 이 종목이 시세가 아직 남아있다고 판단했다면 오늘 장대양봉이 나올 때 공략이 가능합니다.

거래량이 줄어들다가 다시 거래량이 증가하면서 주가가 상승하면 공략이 가능한 것이죠. 이때는 특히 호가창이 중요합니다. 호가창을 통해 매수세의 힘을 확인할 필요가 있습니다. 주가가 상승하지만 호가창에 매수세가 약하다면 그냥 무너지는 경우도 많이 있거든요. 올라갈 수 있는 종목이지만 이미 고점이기 때문에 집중할 필요가 있습니다. 자신만의 노하우를 모두 쏟아 매매해야 하는 것이죠.

분봉

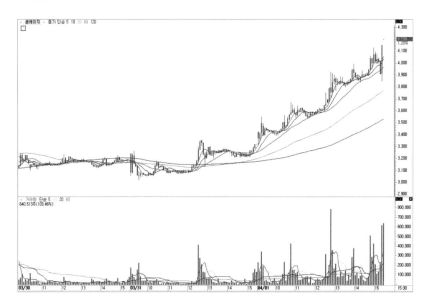

오늘 분봉입니다. 이 종목의 보면 정말 매매하기 좋은 종목입니다. 대부분의 장대양봉 종목은 한 번에 큰 시세를 줘서 준비를 안 하면 따라 들어가지 못하는 경우가 많습니다. 개인들이 따라 들어오지 못하게 한 번에 강력한 시세를 주고 고점에서 주가가 움직이다가 장 마감 때쯤 주가를 추가로 끌어올리는 경우가 많죠.

그런데 이 종목은 시작부터 장 마감 때까지 주가가 꾸준히 오르고 있습니다. 사놓고 버티기만 했으면 돈을 벌 수 있었던 것이죠. 빠른 매매타이밍보다 이 주식을 매수할 수 있는 용기가 필요한 종목이었습니다.

캔들을 이용한 단타매매라 할지라도 종목마다 대응방법이 다릅니다. 이는 수많은 실전 경험에서 얻을 수 있습니다. 그래서 이 책만 보고 '다 알았다' 해서는 주식시장에서 돈을 벌 수가 없습니다. 내 것이 될 때까지 수없이 매매연습을 해야 하는 것이죠.

이제 주식에 입문한 동학개미라면 빨리 돈을 벌어야 한다는 급한 마음을 버리고 모의투자를 통해 꾸준히 경험을 쌓으시기 바랍니다.

호가창

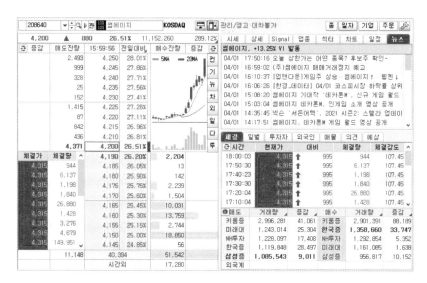

이 종목의 호가창입니다. 주가가 26% 상승한 가격에서 거래되고 있습니다. 내가 산 주식이 이렇게 상승하여 거래되고 있다면 얼마나 기쁠까요? 이 날이 올 때까지 꾸준히 노력합니다.

08

박스권 하단 돌파 세력주

차트1

이 종목을 공부해보겠습니다. 전체 차트를 보면 나름 시세를 주고 있는 종목이죠. 물론 그 변동폭은 크지 않습니다. 전체적으로 보면 주가가 박스권에서 움직이고 있습니다.

지금 주가의 위치는 좋지 않습니다. 박스권 하단에 내려와 있죠. 주가가 계속 하락하면서 박스권 하단으로 내려왔으니 저점 매수도 가능한 모습이죠. 그러나 주가가 흘려내리는 것이 완전히 멈춘 것이 아니니, 지금의 흐름으로는 박스권 하단으로 내려갈 수도 있는 상황이죠. 2가지 다 가능한 상황이기 때문에 일단 주가가 바닥을 확인해주는 멈춤이 필요해 보입니다.

차트2

최근 며칠의 주가 흐름을 살펴보겠습니다. 주가 바닥을 확인하는 모습이 필요하다고 했는데 다음날 윗꼬리가 긴 양봉이 나와줍니다. 그리고 다시 윗꼬리를 극복하는 양봉이 나와 주고요. 그리고 오늘 상한가에 근접한 장대양봉이 나와줍니다. 이거는 바닥 확인이 아니라 시세 분출이죠.

큰 움직임이 없던 종목에 이런 변화는 강력한 재료가 나왔다는 것이죠. 기존 주가 흐름을 완전히 바꿔놓았죠. 그렇다면 앞으로의 주가 흐름도 크게 변동이 일어날 가능성이 높은 것이죠.

차트3

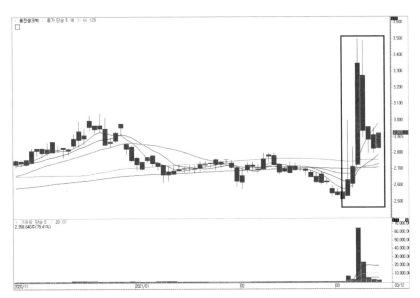

앞에서 배운 캔들급소가 나와줬으면 좋았을 텐데 주가가 바로 하락합니다. 어제의 장대양봉을 사정없이 무너뜨리고 주가가 급락합니다. 다음날도 하락하면서 장대양봉의 상승을 다 까먹고 있습니다. 그래도 오늘 주가가 더 이상 하락하지 않고 버티고 있습니다. 그러나 아직 접근하기는 위험하죠.

주가 하락이 일단 멈추기는 했지만 어디로 움직일지 예측 불가능한 상태입니다. 장중 단기매매가 할 수 있는 상황입니다.

차트4

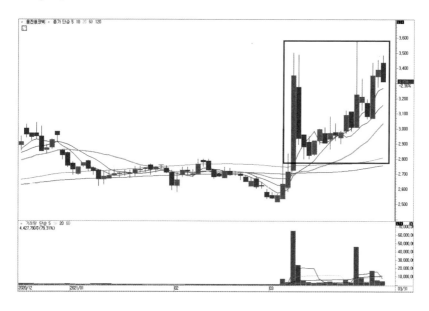

주가가 하락을 멈추더니 더 이상 하락하지 않고 횡보하다 다시 올라가고 있습니다. 앞에 뭐가 있죠? 매물이죠. 강력한 방어벽이 있는데 야금야금 기어 올라가고 있습니다. 앞에 있는 매물벽을 조금씩 무너뜨리면서 주가가 올라가고 있습니다.

그러더니 전고점까지 주가가 올라갑니다. 전고점 매물을 완전히 소화한 것이죠. 특히 한 번에 소화한 것보다 이렇게 조금씩 소화하면서 올라간 종목이 더 좋습니다.

매물이 완전히 소화됐다면 앞에 매물이 없는 것이죠. 그렇다면 주가를 끌어올리기 쉽겠죠. 주가를 끌어올린 이유도 물린 투자자들이 불쌍해서 매수한 것이 아니잖아요. 주가를 더 크게 끌어올리기 위해 매물을 소화한 것이죠. 주가가 전고점을 뚫고 올라갈 확률이 높은 것이죠. 이런 차트가 공략 대상이 되는 겁니다.

차트5

전고점을 뚫고 올라갑니다. 오늘의 장대양봉은 충분히 노릴 수 있겠죠. 이번 상승 파동을 살펴보면 갑자기 상승한 장대양봉은 잡을 수 있겠지만 일단 선수들의 영역이라고 해 둡시다.

그러나 이후 주기 흐름은 초보투자자라도 차트에서 매물 소화의 원리만 이해한다면 공략할 수 있는 패턴이었습니다. 물론 이런 패턴이 나온다고 꼭 주가가 올라가는 것은 아닙니다. 하지만 아무 종목이나 매매하는 것과 이렇게 확률 높은 종목을 발굴하여 매매하는 것은 완전히 다르겠죠. 최소한 이런 종목을 발굴해서 매매준비를 하는 노력을 해야 주식투자에서 돈을 벌 수 있을 것입니다. 무턱대고 하지 말고 이런 차트가 왜 만들어지는지 공부하고 종목을 발굴한다면 수익은 저절로 따라올 것입니다.

호가창

오늘 장대양봉의 호가창입니다. 20% 상승한 가운데 매매가 이뤄지고 있습니다. 준비를 했다면 20% 상승한 가격에서 내가 매수를 하는 것이 아니라 저점에서 매수하여 20% 상승한 가격에 매도를 할 수 있었을 것입니다. 저점에서 매수한 투자자의 물량을 고점에서 받아주는 역할이 아니라 저점에서 매수한 내 주식을 고점에서 매도하는 투자자가 될 때까지 노력하시기 바랍니다.

세력주 2차 파동 공략법

차트1

이 종목을 연구해볼까요? 주가가 한 번 급등했죠. 100% 정도 시세를 단숨에 내주었습니다. 강력한 재료에 의해 주가가 상승했는데 고점에서의 모습이 좋지 않죠. 상한가 부근에서 갭상승 이후 주가가 장대음봉을 만듭니다. 주가를 끌어올린 세력이 갭상승 이후 물량을 던져버렸다는 것이죠.

또는 주가를 급등시킨 재료가 고점에서 순식간에 소멸한 것이죠. 어떤 경우든지 상당히 안 좋은 모습입니다. 저렇게 주가가 고점을 찍어버리니까 이후 주가 흐름이 아주 안 좋습니다. 주가가 그냥 흘러내립니다. 매수세 이탈에 의한 주가 급락으로 차트를 망가뜨려 놓습니다.

그런데 주가가 어느 정도 하락하자 하락을 멈추고 지지되는 모습을 보이고 있습니다. 워낙 안 좋게 하락하여 반등 시도도 못했지만, 이제는 충분히 하락하여 단기 반등 시도가 가능한 가격대가 되었습니다.

차트2

어제 장대양봉으로 주가를 끌어올립니다. 이렇게 끼가 있던 종목은 대부분 단기 매수세가 붙어서 재반등하는 경우가 많습니다. 어디까지 올라가는지는 종목마다 다르지만 일단 단기 매수세가 붙기 딱 좋은 종목이란 말이죠.

이 장대양봉으로 주가를 끌어올렸는데 매물 부담이 많으니까 장중에 밀리죠. 윗꼬리가 달렸습니다. 그런데 오늘 윗꼬리의 매물뿐만 아니라 전고점의 악성매물까지 소화하는 강력한 장대양봉, 상한가가 나왔습니다.

앞에서 주가를 상승시켰던 재료가 다시 부각이 되었다는 것이죠. 불씨만 남아있던 재료가 활활 타올랐다는 것입니다. 이 부분은 차트 공부를 조금만 하면 공략할 수 있는 지점입니다.

차트3

그런데 주가가 전고점까지 상승한 이후 더 이상 올라가지 못하고 하락합니다. 이후 주가를 살펴보죠. 전고점을 돌파하지 못했다면 실망 매물이 나오기 때문에 주가가 하락하게 되어 있습니다. 그래서 쌍고점이 만들어지죠. 그런데 이 종목은 실망 매물이 나오는데 그 매물을 소화하면서 옆으로 주가가 횡보하고 있습니다. 물량을 소화하고 있어요. 고점에서 물린 투자자의 물량을 받아주고 있습니다. 이유는 당연히 아직 재료가 살아있기 때문이죠. 여기에 매수세가 없을 수 없죠.

오늘 주가를 보세요. 다시 주가를 끌어올리고 있습니다. 세력이라는
매수세가 없다면, 재료가 살아있지 않다면 이런 차트가 만들어질 수
없는 것이죠 .그러므로 이 종목은 공략 대상이 되는 겁니다.

차트4

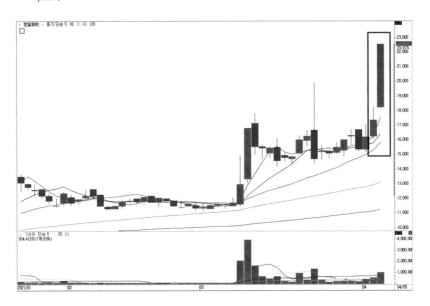

오늘 상한가가 나왔습니다. 어제 공략 대상 종목으로 삼았는데 오늘
바로 주가가 움직이면서 상한가가 나왔습니다. 공략 준비를 하고 있었
다면 저점에 매수하여 큰 수익을 올릴 수 있었을 것입니다.

이 종목을 '거래량 급증'화면을 통해 발굴할 수도 있었을 것입니다.
그러나 그때는 주가가 이미 많이 올랐겠죠. 그러나 장 시작부터 이 종

목을 지켜보고 있었다면 바로 매수에 들어갈 수 있었을 것입니다.

주가가 움직이면 '왜 움직이지?' 알아보다 끝나는 경우가 허다합니다. 그러나 이렇게 미리 종목을 준비해놓고 있으면 움직일 때 공략하면 됩니다. 이것을 위해 차트를 연구하고 공부하는 것이죠.

호가창

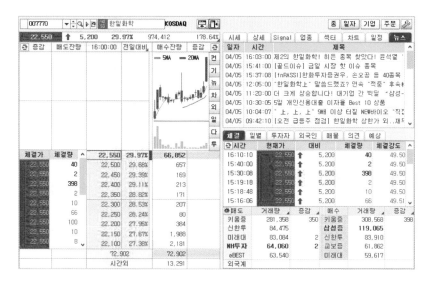

상한가에 진입한 이 종목의 호가창입니다. 위에 매도 호가가 없습니다. 내가 매수한 종목이 이런 모습이라면 얼마나 흐뭇할까요. 마치 고수가 된 기분일 것입니다. 이런 종목을 실전에서 발굴해서 매매할 수 있다면 당신은 더 이상 초보가 아닙니다.

박스권 상단 공략법

차트1

이 종목을 보겠습니다. 주가 흐름이 복잡하죠. 2천원대의 주가가 상승하여 3천원대까지 상승했다가 하락한 후 다시 3천원대로 상승해주었습니다. 최근 주가 흐름을 보면 전고점을 돌파한 이후 더 이상 올라가지 못하고 밀리고 있습니다.

전체적인 차트를 살펴보면 박스권 흐름이죠. 일정 가격대에서 주가가 벗어나지 못하고 움직이고 있습니다. 지금 주가는 박스권을 돌파하느냐, 아니면 다시 박스권에 갇히느냐의 기로에 서 있습니다. 일단 고점을 돌파한 후 밀리는 모습이기에 박스권을 벗어나지 못할 확률이 높은 상태입니다.

차트2

그런데 오늘 박스권을 단숨에 돌파하는 강력한 장대양봉이 나와줍
니다. 이제는 상황이 달라졌죠. 박스권 고점에 물려있는 매물을 강력
한 양봉으로 소화하면서 주가를 올려준 상태이기에 앞으로 주가를 주
목할 필요가 있습니다. 매물을 소화했다는 것은 주가를 추가로 끌어올
리겠다는 강력한 신호이기 때문입니다.

차트3

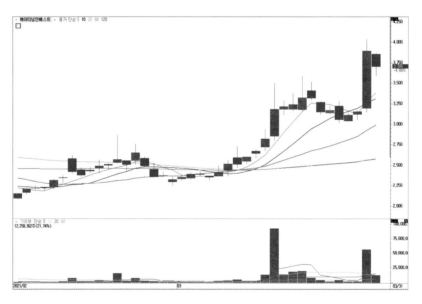

그런데 오늘 주가를 바로 끌어올리지 않고 쉬어가고 있습니다. 그냥
보면 주가가 떨어지고 있으니 매매를 안 하겠죠. 하락하는 종목인 줄
알고 매매를 포기할 것입니다. 조금 주식을 안다고 해도 주가가 내일

도 하락할 수 있는 상황이기 때문에 매매를 안 할 것입니다.

그러나 이 책을 통해 캔들의 원리를 공부한 투자자라면 다르게 생각하겠죠.

주가가 박스권을 벗어나지 못하는 것은 고점의 강력한 매물 때문입니다. 고점을 돌파할 만한 매수세와 재료가 없기 때문이죠. 그런데 그매물을 누군가 강력하게 소화해주었다면 재료가 생긴 것이고 고점의매물을 비싼 값에 사도 된다는 확신이 있기 때문이겠죠. 그런 종목이오늘처럼 쉬어간다는 것은 주가 상승이 끝난 것이 아니라 추가 상승을위한 숨고르기로 봐야겠지요. 그래서 오늘의 양봉 다음의 음봉을 놓치지 말고 주목할 필요가 있는 것입니다.

차트4

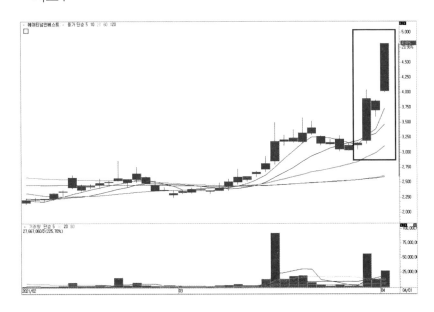

오늘 상한가가 나왔습니다. 음봉이 나와 무서워서 포기했다면 오늘의 상한가를 공략할 엄두도 못 냈을 것입니다.

물론 전날 이 종목을 발굴했다고 해도 누구나 상한가를 먹지는 못했을 것입니다. 누구는 망설이다 구경만 했을 수도 있고, 누구는 매수는 했으나 5%만 수익을 내고 매도했을 수도 있습니다.

중요한 것은 이러한 종목을 잡을 수 있느냐입니다. 왜냐하면 이런 종목은 끝임없이 나오기 때문입니다. 이 종목을 주식투자를 하는 동안 끝임없이 발굴할 수 있다면 얼마의 수익을 내건 계속 벌 수 있겠죠. 그렇게 누적 수익을 쌓아가는 겁니다. 한 번에 대박을 내는 것이 아니라 끝임없이 종목을 발굴하고 매매하여 누적 수익을 쌓아 성공의 길로 들어서는 것이죠. 그렇기 위해서는 끝임없이 노력해야 합니다.

차트5

　　이건 상한가 한 번으로 끝나는 것이 아니네요. 다시 상한가가 나왔습니다. 지금의 차트를 살펴볼까요? 박스권의 주가가 어디였는지 보이지도 않습니다. 그만큼 강력한 상승이었다는 것이죠.

　　이 종목을 실전에서 발굴하고 싶지 않은가요? 꿈이 아닙니다. 지금부터 노력하고 원칙을 지키는 매매를 한다면 여러분도 수익내는 투자자가 될 것입니다.

호가창

호가창입니다. 상한가에 140만 주 넘게 물량이 쌓여 있습니다. 부럽
죠. 내가 매수한 주식을 최고가로 사겠다고 저렇게 물량을 쌓아두고
있습니다. 이런 상한가를 잡는 날도 얼마 남지 않았습니다. 조금만 더
노력합시다.

재료가 살아있는 세력주

차트1

이 종목은 주가가 거의 변동이 없다가 갑자기 장대양봉이 나옵니다. 그러나 더 이상 상승하지 못하고 고점에서 지지되다가 하락합니다. 최근 주가가 하락를 멈추고 반등 시도가 나와주고 있습니다.

강력한 장대양봉이 만들어졌다면 강한 재료가 나온 것이겠죠. 그런데 주가가 하락하죠. 재료의 불씨가 꺼졌다는 것인데 최근 주가를 다시 올리고 있어요. 꺼진 불씨를 다시 살리려는 시도가 나오고 있습니다.

주가 차트를 볼 때 죽지 않고 살아나는 종목은 재료가 무엇인지, 재료가 아직 살아있는지를 확인해야 적중률이 높아집니다. 이렇게 주가가 살아난다면 재료가 무엇인지 확인해보세요.

차트2

주가가 살아나는가 싶더니 갭상승 음봉으로 떨어집니다. 장 시작 전에 강력한 재료가 나왔다는 것이죠. 그런데 갭상승이 너무 크다 보니 바로 차익매물이 쏟아집니다. 재료가 장 전에 나왔다가 바로 소멸하는 경우죠. 재료의 연속성이 없다는 것입니다. 전고점을 뚫고 올라갈 만한 재료가 아니라는 것이죠.

갭상승 음봉이 나오면서 또 전고점에 이어 갭상승 음봉에 또 매물이 쌓이게 됐습니다. 2중 매물이 쌓인 것이죠. 주가를 다시 올리려면 매물 소화 과정이나 차트를 완전 무시하는 강력한 재료가 나와줘야 합니다.

차트3

2중 매물을 소화하려면 강력한 재료가 나오거나 매물 소화 과정이 필요하다고 했습니다. 이 종목은 매물을 소화하고 있네요. 10일 넘게 주가가 상승하면서 2중 매물을 완전히 소화해주고 있습니다. 물린 투자자의 매물이 꽤 될 텐데도 다 받아주고 있습니다.

이 정도면 여러분도 아시겠죠. 앞으로 주가가 떨어질 확률이 높을까요? 올라갈 확률이 높을까요? 당연히 높겠죠. 주가를 올릴 생각이 없다면 고점에 물린 투자자의 물량을 받아줄 필요가 없는 것이죠. 그것도 2중 매물인데요.

그러면 우리는 뭘 해야 될까요? 구경만 할까요? 이런 종목을 관심 종목에 집어넣고 매매 준비를 해야죠. 딱 노리고 있다가 호가창에 거래량이 증가하면서 강력한 매수세가 유입되면 바로 매매를 해야죠.

차트4

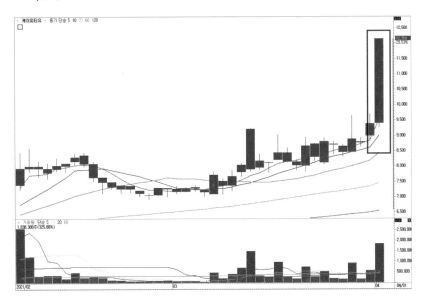

거래량이 터지면서 주가가 상승하고 있습니다. 상한가가 나왔네요. 이 종목을 발굴해서 매매 준비를 했다면 오늘의 상한가를 놓치지 않고 잡았겠죠.

종목을 미리 발굴하고 매매준비를 하는 것이 매우 중요합니다. 만약 '순간 거래량 급증' 같은 화면을 보고 이 종목을 매매하려고 했다면 매매타이밍이 늦었을 가능성이 높습니다. 이미 상승하기 시작하여 높은 가격에 진입을 망설이다 놓쳤을 것입니다.

지금까지 캔들 중심의 차트 분석을 배운 것은 실전에서 이런 종목을 하나 잡기 위해서입니다. 올라갈 확률이 높은 종목을 발굴하고 매수타이밍을 놓치지 않기 위해 노력해야 하는 것이죠.

　주식은 살아있는 생물 같아서 이와 같은 차트가 나왔다고 모두 올라가는 것은 아닙니다. 그렇기 때문에 차트 원리를 이해하고 끝임없이 확률 높은 종목을 발굴해야 하는 것이죠. 이 책을 통해 차트원리를 이해하고 노력이 결합된다면 이를 발판으로 당신도 성공투자자가 될 수 있을 것입니다.

분봉

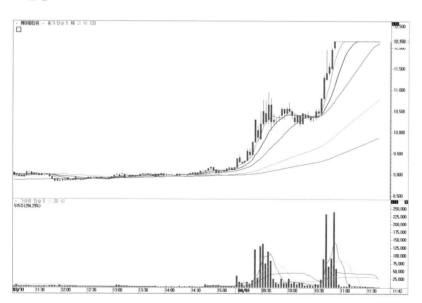

분봉을 보겠습니다. 1차 상승 파동 이후 쉬었다가 다시 상승하기 시작하여 상한가에 안착합니다. 종목을 미리 발굴하지 않았다면 놓치기 쉬웠을 것입니다. 매일매일 차트를 발굴하고 매매 훈련을 해야만 오늘의 상승을 놓치지 않을 것입니다. 이런 종목은 매일 나옵니다. 다만 내가 발굴을 못해서 놓칠 뿐입니다.

호가창

상한가에 안착한 모습입니다. '상한가 따라잡기'도 가능한 모습입니다. 그러나 저점에서 잡아 오늘 상한가에 안착했다면 수익률 자체가 다르겠죠.

준비된 투자자만이 오늘의 상한가의 기쁨을 맛볼 수 있습니다. 많은 투자자가 차트기법 하나 배웠다고 실전에서 돈을 벌 수 있다고 착각하고 있습니다. 실전에서 통할 때까지 계속 연습해야 한다는건 잊어버리고 있습니다. 꼭 오늘 배운 것은 실전에서 연습하고 자신만의 매매법을 확립하시기 바랍니다.

매물을 극복하는 재료주 공략법

차트1

이 종목을 살펴보죠. 주가가 하락하고 바닥권에서 움직이고 있습니다. 바닥을 확인하고 만들어놓았지만 더 이상 상승하지 못하고 바닥권에서 주가가 움직이고 있습니다. 주가를 움직일 만한 강력한 재료가 없다는 것이고, 세력도 없다는 것이죠.

하지만 주가가 바닥에 있다고 포기할 필요는 없습니다. 세력이 은밀히 움직일 수도 있는 거니까요. 아니면 강력한 재료가 나올 수도 있구요. 어떤 일이 벌어질지는 아무도 모릅니다.

최근의 주가는 바닥을 탈출하려는 모습입니다. 일단 바닥 상단까지 주가가 올라간 모습입니다. 이를 돌파할지 여부는 아직 알 수 없습니다.

차트2

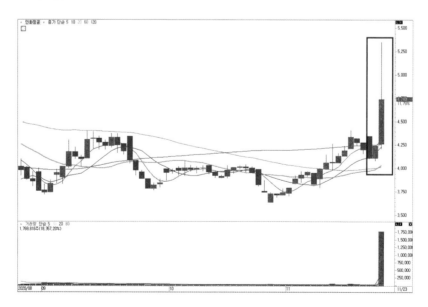

그런데 강력한 장대양봉이 나왔습니다. 이는 개인투자자가 알 수 없지요. 갑자기 나오는 강력한 장대양봉은 재료에 의한 경우가 많기 때문에 개인투자자가 알 수 없습니다.

오늘 장대양봉이 나오기는 했지만 위꼬리가 만들어졌습니다. 고점에서 버틸 만한 강력한 재료는 아니라는 것이죠. 이런 경우 바로 매매보다 흐름을 지켜볼 필요가 있습니다. 재료가 완전 소멸인지, 아직 남았는지 관찰할 필요가 있습니다.

차트3

위꼬리 달린 장대양봉 이후 주가 흐름을 보겠습니다. 위꼬리 부근에서 주가가 움직이고 있습니다. 점점 주가가 상승하고 있습니다. 위꼬리는 매물입니다. 그런데 매물을 소화하면서 주가가 올라주고 있습니다.

재료가 갑자기 나와 장대양봉은 나왔지만 재료의 불확실성으로 위꼬리가 만들어진 것이죠. 그런데 위꼬리의 매물을 소화해준다는 것은 재료가 아직 살아있다는 것이죠. 그러지 않고서야 위꼬리의 매물을 소화해줄 필요가 없는 것이죠. 주가가 추가로 상승할 가능성이 매우 높은 종목입니다.

차트4

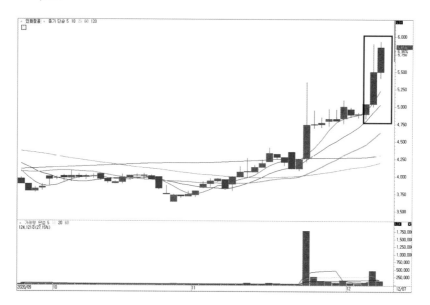

역시 주가가 다시 상승하고 있습니다. 이 정도면 완전 패턴이 보이죠. 우리가 할 일은 이런 종목을 실전에서 발굴하고 매매 준비를 하는 겁니다.

틀리더라도 매매를 많이 해보라 말씀드리고 싶습니다. 처음에는 시행착오를 겪을 수 있습니다. 똑같은 차트인데 어느 종목을 올라가고, 어느 종목은 떨어집니다. 보통은 안 맞는다고 포기합니다. 그러나 꾸준히 실전에서 매매 훈련을 하다보면 어느 순간 종목에 맞춰 대응 능력이 생길 것입니다.

일부 독자는 안 맞는다고 불평하시는 분도 계십니다. 마치 영어책 한 권 보고 왜 원어민하고 대화가 안 되냐고 말하는 것과 똑같습니다. 기본을 확립하고 실전에서 터득하는 것은 본인의 몫입니다. 이 노력에 따라 주식시장에서 돈을 버는 투자자와 돈을 못 버는 투자자가 생기는 것이죠.

차트5

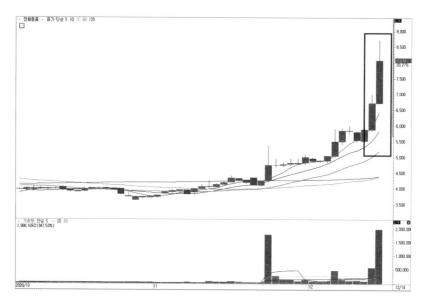

주가가 크게 오르고 있습니다. 우리가 처음 분석했던 곳이 바로 차트급소이자 매매타이밍이었습니다. 우리가 매물 소화 과정에서 재료가 살아있고 세력이 살아 있음을 판단했는데 맞아 들어갔습니다.

판단이 틀린 종목은 빨리 손절하고 맞은 종목으로 수익을 극내화한다면 누구나 계좌에 빨간불이 넘쳐날 것입니다.

📖 북오션 부동산 재테크 도서 목록 📖

부동산/재테크/창업

장인석 지음 | 17,500원
348쪽 | 152×224mm

롱텀 부동산 투자 58가지

이 책은 현재의 내 자금 규모로, 어떤 위치의 부동산을 언제 살 것인가에 대한 탁월한 분석을 펼쳐 보여 준다. 월세탈출, 전세탈출, 무주택자탈출을 꿈꾸는, 건물주가 되고 싶고, 꼬박꼬박 월세 받으며 여유로운 노후를 보내고 싶은 사람들을 위한 확실한 부동산 투자 지침서가 되기에 충분하다. 이 책은 실질금리 마이너스 시대를 사는 부동산 실수요자, 투자자 모두에게 현실적인 투자 원칙을 수립할 수 있도록 해줄 뿐 아니라 실제 구매와 투자에 있어서도 참고할 정보가 많다.

나창근 지음 | 15,000원
302쪽 | 152×224mm

나의 꿈, 꼬마빌딩 건물주 되기

'조물주 위에 건물주'라는 유행어가 있듯이 건물주는 누구나 한번은 품어보는 달콤한 꿈이다. 자금이 없으면 건물주는 영원한 꿈일까? 저자는 현재와 미래의 부동산 흐름을 읽을 줄 아는 안목과 자기 자금력에 맞춘 전략, 꼬마빌딩을 관리할 줄 아는 노하우만 있으면 부족한 자금을 충분히 상쇄할 수 있다고 주장한다. 또한 액수별 투자전략과 빌딩 관리 노하우 그리고 건물주가 알아야 할 부동산지식을 알기 쉽게 설명한다.

박갑현 지음 | 14,500원
264쪽 | 152×224mm

월급쟁이들은 경매가 답이다
1,000만 원으로 시작해서 연금처럼 월급받는 투자 노하우

경매에 처음 도전하는 직장인의 눈높이에서 부동산 경매의 모든 것을 알기 쉽게 풀어낸다. 일상생활에서 부동산에 대한 감각을 기를 수 있는 방법에서부터 경매용어와 절차를 이해하기 쉽게 설명하며 각 과정에서 꼭 알아야 할 중요사항들을 살펴본다. 경매 종목 또한 주택, 업무용 부동산, 상가로 분류하여 각 종목별 장단점, '주택임대차보호법' 등 경매와 관련되어 파악하고 있어야 할 사항들도 꼼꼼하게 짚어준다.

초저금리 시대에도 꼬박꼬박 월세 나오는
수익형 부동산

나창근 지음 | 17,000원
332쪽 | 152×224mm

현재 (주)기림이엔씨 부설 리치부동산연구소 대표이사로 재직하고 있으며 [부동산TV], [MBN], [한국경제TV], [KBS] 등 방송에서 알기 쉬운 눈높이 설명으로 호평을 받은 저자는 부동산 트렌드의 변화와 흐름을 짚어주며 수익형 부동산의 종류별 특성과 투자노하우를 소개한다. 여유자금이 부족한 투자자도 전략적으로 투자할 수 있는 혜안을 얻을 수 있을 것이다.

주식/금융투자

북오션의 주식/금융 투자부문의 도서에서 독자들은 주식투자 입문부터 실전 전문투자, 암호화폐 등 최신의 투자흐름까지 폭넓게 선택할 수 있습니다.

박병창 지음 | 19,000원
360쪽 | 172×235mm

주식투자
기본도 모르고 할 뻔했다

코로나 19로 경기가 위축되는데도 불구하고 지금리 기조가 계속되자 시중에 풀린 돈이 주식시장으로 몰리고 있다. 때 아닌 활황을 맞은 주식시장에 너나없이 뛰어들고 있는데, 과연 이들은 기본은 알고 있는 것일까? '삼프로TV', '쏠쏠TV'의 박병창 트레이너는 '기본 원칙' 없이 시작하는 수식 투자는 결국 손실로 이어짐을 잘 알고 있기에 이 책을 써야만 했다.

유지윤 지음 | 25,000원
312쪽 | 172×235mm

하루 만에 수익 내는
데이트레이딩 3대 타법

주식 투자를 한다고 하면 다들 장기 투자나 가치 투자를 말하지만, 장기 투자와 다르게 단기 투자, 그중 데이트레이딩은 개인도 충분히 가능하다. 물론 쉽지는 않다. 꾸준한 노력과 연습이 있어야 한다. 하지만 가능하다는 것이 중요하고, 매일 수익을 낼 수 있다는 것이 중요하다. 그 방법을 이 책이 알려준다.

최기운 지음 | 18,000원
424쪽 | 172×245mm

10만원으로 시작하는
주식투자

4차산업혁명 시대를 선도하는 기업의 주식은 어떤 것들이 있을까? 이제 이 책을 통해 초보투자자들은 기본적이고 다양한 기술적 분석을 익히고 그것을 바탕으로 향후 성장 유망한 기업에 투자할 수 있는 밝은 눈을 가진 성공한 가치투자자가 될 수 있다. 조금 더 지름길로 가고 싶다면 저자가 친절하게 가이드 해준 몇몇 기업을 눈여겨보아도 좋다.

박병창 지음 | 18,000원
288쪽 | 172×235mm

현명한 당신의
주식투자 교과서

경력 23년차 트레이더이자 한때 스패큐라는 아이디로 주식투자 교육 전문가로 불리기도 한 저자는 "기본만으로 성공할 수 없지만, 기본 없이는 절대 성공할 수 없다"고 하며, 우리가 모르는 '기본'을 설명한다. 아마도 이 책을 보고 나면 '내가 이것도 몰랐다니' 하는 감탄사가 입에서 나올지도 모른다. 저자가 말해주는 세 가지 기본만 알면 어떤 상황에서도 주식투자를 할 수 있다.

최기운 지음 | 18,000원
300쪽 | 172×235mm

동학 개미
주식 열공

〈순매매 교차 투자법〉은 단순하다. 주가에 가장 큰 영향을 미치는 사람의 심리가 차트에 드러난 것을 보고 매매하기 때문이다. 머뭇거리는 개인 투자자와 냉철한 외국인 투자자의 순매매 동향이 교차하는 곳을 매매 시점으로 보고 판단하면 매우 높은 확률로 이익을 실현할 수 있다.

곽호열 지음 | 19,000원
244쪽 | 188×254mm

초보자를 실전 고수로 만드는
주가차트 완전정복

이 책은 주식 전문 블로그 〈달공이의 주식투자 노하우〉의 운영자 곽호열이 예리한 분석력과 세심한 코치로 입문하는 사람은 물론 중급자들이 놓치기 쉬운 기술적 분석을 다양하게 선보인다. 상승이 예상되는 관심 종목 분석과 차트를 통한 매수매도타이밍 포착, 수익과 손실에 따른 리스크 관리 및 대응방법 등 주식시장에서 이기는 노하우와 차트기술에 대해 안내한다.

유지윤 지음 | 18,000원
264쪽 | 172×235mm

누구나 주식투자로
3개월에 1000만원 벌 수 있다

주식시장에서 은근슬쩍 돈을 버는 사람들이 있다. '3개월에 1000만 원' 정도를 목표로 정하고, 자신만의 투자법을 착실히 지키는 사람들이다. 3개월에 1000만 원이면 웬만한 사람들 월급이다. 대박을 노리지 않고, 딱 3개월에 1000만 원만 목표로 삼고, 그것에 맞는 투자 원칙만 지키면 가능하다. 이렇게 1000만 원을 벌고 나서 다음 단계로 점프해도 늦지 않는다.

근투생 김민후(김달호) 지음
16,000원 | 224쪽
172×235mm

삼성전자 주식을 알면
주식 투자의 길이 보인다

인기 유튜브 '근투생'의 주린이를 위한 투자 노하우. 국내 최초로 삼성전자 주식을 입체분석한 책이다. 삼성전자 주식은 이른바 '국민주식'이 되었다. 매년 꾸준히 놀라운 이익을 내고 있으며, 변화가 적고 꾸준히 상승할 것이라는 예상이 있기에, 이 책에서는 삼성전자 주식을 모델로 초보 투자자가 알아야 할 거의 모든 것을 설명한다.

금융의정석 지음 | 16,000원
232쪽 | 152×224mm

슬기로운 금융생활

직장인이 부자가 될 방법은 월급을 가지고 효율적으로 소비하고, 알뜰히 저축해서, 가성비 높은 투자를 하는 것뿐이다. 그 기반이 되는 것이 금융 지식이다. 금융 지식을 전달함으로써 개설 8개월 만에 10만 구독자를 달성하고 지금도 아낌없이 자신의 노하우를 나누어주고 있는 크리에이터 '금융의정석'이 영상으로는 자세히 전달할 수 없었던 이야기들을 이 책에 담았다.

최기운 지음 | 18,000원
252쪽 | 170×224mm

주식 투자의 정석

은행 예금으로 노후를 대비할 수 없는 저금리 시대에서는 단순한 급여 저축만으로는 미래를 설계할 수 없다. 이런 이유로 많은 개인투자자가 재테크를 위해 투자를 시작한다. 이 책은 새로운 개인투자자로 거듭나기 위한 구체적인 방법과 노하우를 제시한다. 과거 증시에서 개인투자자가 왜 투자에 성공할 수 없었는지 원인을 분석해 투자에 실패하는 가능성을 줄이고자 했다.